POR FLÁVIA FERRARI

FLÁVIA FERRARI

SÃO PAULO, 2017

ÍCONES DIVERSOS UTILIZADOS NO LIVRO:
Icon made by Freepik from www.flaticon.com

COORDENAÇÃO EDITORIAL
Vitor Donofrio

GERENTE DE AQUISIÇÕES
Renata de Mello do Vale

EDITORIAL
João Paulo Putini
Nair Ferraz
Rebeca Lacerda

EDIÇÃO DE ARTE, DE TEXTO E CAPA
João Paulo Putini

PROJETO GRÁFICO
João Paulo Putini
Debs Bianchi

FOTOGRAFIAS DE CAPA
Studio Bianca Machado

BELEZA
Bistrô DETRICH

FIGURINO
Érica Minchin

Texto de acordo com as normas do Novo Acordo Ortográfico da Língua Portuguesa (1990), em vigor desde 1º de janeiro de 2009.

Dados Internacionais de Catalogação na Publicação (CIP)

Ferrari, Flávia
A dica do dia
Flávia Ferrari.
Barueri, SP: Novo Século Editora, 2017.

1. Limpeza e arrumação doméstica 2. Organização
3. Qualidade de vida I. Título

17-0670 CDD-648.5

Índice para catálogo sistemático:
1. Limpeza e arrumação doméstica 648.5

NOVO SÉCULO EDITORA LTDA.
Alameda Araguaia, 2190 – Bloco A – 11º andar – Conjunto 1111
CEP 06455-000 – Alphaville Industrial, Barueri – SP – Brasil
Tel.: (11) 3699-7107 | Fax: (11) 3699-7323
www.gruponovoseculo.com.br | atendimento@novoseculo.com.br

novo século®

Para meus filhos, Beatriz e Fernando, que passaram vários dias sem a mãe presente
para que este livro se materializasse.

Vocês são o meu melhor.

Para o meu pai, que me ensinou a lidar com as coisas práticas da vida.

Para minha mãe, que descobriu o quanto eu gostava de
escrever aos 8 anos de idade e se orgulhou disso.

E para você, que me lê, e já passou pelas mesmas angústias que passei.

Somos iguais.

Sumário

o símbolo da cozinha!

aqui tem dicas imperdíveis...

não se desespere: para quase todo tipo de mancha, há uma solução!

entenda aqui por que me chamam de Rainha do Bicarbonato!

pra relaxar, você merece!

são ràpidas e a casa fica em ordem!

prefácio

À medida em que crescia, fui ouvindo cada vez com mais frequência minha mãe professar:

"Filha, estude e vá atrás da sua independência profissional e financeira. Não dependa de ninguém, muito menos de marido."

Este era o mantra, este era o direcionamento. E segui firme nele, sem pestanejar. De "primeira aluna" da escola na minha cidade natal ao primeiro lugar no vestibular de Engenharia. Quando dona Ornella, minha mãe, faleceu quase ao final do quarto ano de faculdade, foi ao mantra da não dependência que mais me apeguei para seguir em frente. A determinação me rendeu quatro ótimas propostas de emprego assim que coloquei as mãos no diploma. Poderia escolher qual caminho seguir para começar com o pé direito minha promissora carreira executiva em São Paulo.

Bom salário, novos desafios, nova cidade - era tudo perfeito. Mas eu queria mais - e o mesmo mantra me levou a uma pós-graduação em marketing e a um MBA internacional (feito - pasmem! - com uma bolsa de estudos integral). Era o mantra e o caminho se materializando a minha frente. Ao me formar, mais uma ótima oferta de emprego: empresa multinacional em um programa "de sonho", com todos os benefícios possíveis e um retorno ao Brasil. Mais perfeito, impossível.

Já estava apaixonada pelo meu marido na época e tinha a minha tão propalada e perseguida independência.

O meu relógio biológico começou a soar: queria filhos. Bom, vamos lá: como seria ter filhos? Que horas mesmo eles se encaixariam na minha rotina? Na vida louca e independente, cheguei a ficar um mês inteiro sem encontrar o marido devido a compromissos profissionais de ambos - onde é mesmo que eu iria encaixar as crianças?

Foi neste ponto que o mantra que sempre me guiou começou a falhar em respostas para meus novos dilemas. Talvez pela falta da mãe - para ajudar na criação dos filhos ou mesmo para me responder o que fazer dali para frente -, ou talvez por uma certeza interior insana, a possibilidade de largar a vida executiva era o caminho mais certo que se abria para mim.

Mas... como assim? Parar de trabalhar e depender de marido? Tudo ao contrário do que eu sempre busquei? Enlouqueceu, Flávia? Tem o mundo à sua frente e quer ficar em casa?

Podia ter enlouquecido, mas meu coração dizia que era o que deveria fazer: embarcar no projeto mais contraditório de toda a minha vida até então. Tinha o suporte prático de um companheiro que seguraria a barra de ter a nossa entrada mensal reduzida à metade.

Um salto no escuro: me joguei de cabeça no projeto mãe-e-dona-de-casa. Pedi demissão e encarei a nova vida. Sem crachá, cartão de visitas e identidade própria por um tempo. Pessoas que antes falavam comigo com tanto afã já não tinham o interesse de antes ou até me evitavam. Não sabia fritar um ovo direito. Limpar a casa era uma maratona. Ouvi diversas vezes da minha avó a frase fatídica:

"Estudou tanto para ficar em casa?".

E chorei (muito).

E me questionei (muito).

Engravidei duas vezes em um intervalo de 21 meses e tive dois filhos lindos que satisfizeram os caprichos do meu relógio biológico – mas faltava a busca por mim mesma. Sim, a maternidade preencheu (e preenche) boa parte da minha vida – mas o segredo desta história toda foi encontrar minha essência. Esta reconexão com o meu eu exigiu uma quebra da verdade que foi muito minha durante a maior parte da minha vida, o mantra da independência a qualquer custo.

Não estou aqui para defender que todas as mulheres larguem suas carreiras em prol da maternidade e muito menos que nenhuma delas o faça. Cada uma é cada uma – o importante é saber o que nos cabe. Deixar a vida executiva para ser mãe em tempo integral era a decisão perfeita para mim, mas por mais perfeita que fosse, veio carregada de questionamentos e angústias – como toda grande decisão que tomamos em nossas vidas. Hoje posso dizer que angústias e questionamentos são do jogo, temos que lidar constantemente com eles.

Tem horas que a vida parece complicada demais e nossas certezas já não nos bastam.

É nessas horas que crescemos e nascemos de novo.

Passada mais de uma década desse processo, nasceu a Flávia mãe, a Flávia do Flávia Ferrari – DECORACASAS – e a Flávia do "A Dica do Dia" – e todas as Flávias que habitam esta Flávia que vos escreve. Descobri que mais do que uma corredora em busca da minha independência, eu sou uma Flávia múltipla.

Ao dividir um pouco da minha vida e da minha história nas redes sociais, recebi um carinho inimaginável em meus períodos mais "sombrios" e conheci gente que passou calada e solitária por tudo isso. Tenho muita sorte em poder falar abertamente sobre esse processo e trocar ideias com outras pessoas.

Porque os desafios e questionamentos sempre vêm e muitas vezes a vida vai parecer complicada demais – o que faz a diferença é justamente como nos portamos frente a eles.

introdução

Desde que comecei trabalhar com as dicas para facilitar a vida, a frase que eu mais ouço das pessoas é: "*Nossa, então você sempre soube de tudo sobre a casa e a vida doméstica, hein?*".

E a verdade é justamente o contrário.

Cresci sem nunca me interessar muito pelos assuntos da casa e da vida, porque acreditava que todo este conhecimento era algo que nascia conosco, que, de alguma forma mágica, vinha acoplado no DNA de cada pessoa.

Só fui me dar conta do tamanho da minha ignorância sobre o assunto quando tive que assumir uma casa "de verdade" e descobrir que todas aquelas tarefas que aconteciam perfeitamente na casa dos meus pais tinham mais ciência do que eu imaginava. (Como é mesmo que se faz um bife perfeito?)

Aconteceu comigo, como acontece com você.

Não é uma questão de gênero, idade, muito menos classe social. Pode ser um casamento recente, um descasamento, um primeiro apartamento, uma república, uma nova situação social.

Um castelo ou uma quitinete.

Chega um ponto da nossa vida em que a casa cai – em cima de nós –, não tem jeito.

E é nessa hora que as dúvidas chegam.

Este livro tem como missão pegar você pela mão, ser seu amigo para ajudar na tarefa de cuidar de uma casa e da vida de uma forma mais fácil e descomplicada. Mostrar os caminhos mais curtos, os atalhos e as dicas secretas para você economizar tempo e realizar as tarefas cotidianas da forma mais simples e eficiente possível. Sem frustração.

O segredo do sucesso das dicas no canal do YouTube é que eu não sou aquela especialista inatingível, perfeita e sem falhas, que traz soluções bonitas mas muito difíceis de se encaixar em nossa rotina. Eu sei que o que é bom tem que ser simples.

Assim como você, passei pelas mesmas angústias ao não saber como tirar uma mancha em uma roupa nova e esqueci a água do macarrão fervendo para sujar todo o fogão. Já usei muito sapato machucando meus calcanhares até encontrar o truque mágico da pág. 86.

Pesquisei e registrei cada dica boa, cada solução mágica que me fazia brilhar os olhos e facilitava de verdade. Testei e aprovei cada conteúdo que aparece por aqui, porque também, infelizmente, não é tudo que se fala por aí que funciona e, mais importante, que não faz mal à saúde e preserva a integridade das pessoas e objetos.

Ter um livro como este em mãos, para me acudir nas horas mais duras, era meu grande sonho. Agora ele chegou até você.

O livro está dividido em seis partes: são três grandes capítulos com dicas sobre limpeza, cozinha e organização; uma sessão especial com o "trio maravilha das dicas" (bicarbonato de sódio, vinagre e limão); uma listinha dos meus produtos preferidos para fazer em casa; e, para finalizar com chave de ouro, um cronograma explicadinho sobre o que fazer todos os dias, todos os meses, para que a casa funcione como um relógio.

A alegria e o encantamento com que eu enxergo cada solução bacana é igual ao seu, ao olhar o mundo como se fosse a primeira vez. Porque, para mim, por muitas vezes também foi, e ainda é, a primeira vez.

Meu convite é para que possamos nos encantar sem medo. Cuidar da casa e da vida é mais fácil do que a gente imagina.

Vamos descomplicar!

Um grande beijo,

Flavia

como usar este livro

Este livro foi idealizado com muito carinho para facilitar a sua vida.

Além de todo o conteúdo testado e aprovado, nos preocupamos em distribuir as informações da forma mais clara possível, para que a solução de qualquer questão seja pá pum.

Se você apontar seu celular com um leitor de QR Code neste quadradinho aqui ao lado, será levado a um vídeo que fiz com exclusividade para você, mostrando tudo o que tem no nosso livro, desvendando todos os segredos e cuidados contidos nele. Esta é uma surpresa especial que preparamos com muito amor.

O quadradinho de QR Code funciona como um código de barras que leva nossos dispositivos móveis a navegar pela internet por conteúdos específicos. Aliás, você vai encontrar vários quadradinhos assim ao longo das nossas páginas – eles levarão você a vídeos de passo a passo de cada dica, explicações complementares ou listas temáticas que ajudarão na execução das dicas.

Também temos os nossos índices, logo de cara o sumário completo, que mostra as grandes sessões do livro e, ao final, nosso índice remissivo, detalhado. E cada página tem a lateral colorida por sessão, para facilitar ainda mais a consulta, você reparou?

Ao final de cada capítulo, temos o *Socorro, Flávia!* É aquele momento de conversa, mostrando os problemas mais variados, aqueles que você acha que só acontecem com você e não têm uma solução fácil. Esta é a hora em que mostro alguns truques inusitados que dão certo e salvam a nossa pele.

Use e abuse deste livro. Ele foi feito para isso!

ACOMPANHE A FLÁVIA NA REDE:

www.flaviaferrari.com.br

youtube.com/adicadodia

instagram@fla.ferrari

facebook.com/decoracasas

COMO LER O QR CODE

1. Procure um aplicativo leitor de QR Code no Google Play, BlackBerry AppWorld, App Store (iOS/iPhone) ou Windows Phone Marketplace.
2. Faça download do aplicativo e instale-o.
3. Rode o aplicativo. Sua tela irá mudar para o monitor da câmera. Aponte a câmera para o QR Code. Segure bem o aparelho para que o código fique em foco. Tente enquadrar do melhor modo possível para acelerar o processo de leitura.

dicas de **limpeza**

É só falar em limpar a casa para começar uma taquicardia na maioria das pessoas.

"Será que vai dar certo?"
"Quanto tempo vai levar?"
"Limpeza é algo interminável."

Mas você sabia que há alguns estudos que dizem que varrer e organizar a casa é uma ótima terapia e meditação? Já li que um dos discípulos de Buda encontrou o nirvana enquanto varria. E também que, quando uma pessoa varre, além de limpar, põe em ordem a energia do espaço e também limpa e põe em ordem seu coração.

Independente dos efeitos terapêuticos, a limpeza é algo que nos traz bem-estar e pode ser facilitada quando feita com consciência e uma ordem básica. Neste capítulo, falaremos da limpeza separada por cada cômodo da casa (quarto, sala, cozinha e banheiro), seguida por uma sessão que engloba toda a casa, do teto ao chão. Também entendo que lavar é uma das formas mais eficientes de limpar, por isso há uma sessão especial de lavanderia, na qual mostramos as dicas para lavar roupas e mantê-las bonitas, além de um guia matador para tirar manchas.

Quarto

Nós passamos, em média, 24 anos de nossas vidas dormindo. E cuidar bem do quarto, da sua limpeza e organização, já é meio caminho andado para garantir uma boa noite de sono. Além disso, um quarto arrumado dá aquela sensação de lar e aconchego de que todo mundo gosta.

Os cuidados básicos que devemos ter com um quarto todos os dias são dois: organizar a bagunça de roupas e acessórios pelo cômodo e arrumar a cama. Arrumar a cama não só faz com que o quarto pareça estar mais limpo, como também impede que o pó e poeiras entrem para baixo dos cobertores e lençóis. *Mas, antes de a cama ser feita todos os dias, è importante dar um tempinho para que ela respire, "areje", liberando a umidade e calor que se formaram durante a noite nos lençòis.*

Um capricho extra com a sua cama é fazer a água de lençóis que ensino na pág. 124, para ter uma cama sempre cheirosa na hora de nos deitarmos – eu adoro.

E por falar em cama, temos que cuidar tanto dos lençóis quanto do colchão e dos travesseiros.

Troque os lençóis e fronhas todas as semanas. Vale colocar capas em seus travesseiros e protetor no colchão. Eu gosto de fazer isso na segunda-feira, para garantir uma semana perfumada e fresquinha.

Uma alternativa ràpida, se possìvel, è usar o mesmo jogo de lençòis. Tire-os para lavar pela manhã e recoloque-os limpos e secos na cama ao final do dia. Esta dica esperta economiza espaço tanto em seu roupeiro quanto na lavanderia.

limpeza de itens

POR FLÁVIA FERRARI

TRAVESSEIROS

A maioria dos travesseiros pode ser lavada na máquina caseira. Mas antes de colocar seu travesseiro na máquina, confira a **ETIQUETA DE LAVAGEM** para ver se existe algum tipo de restrição (ver p. 152-153).

Olha como é fácil lavar os travesseiros na máquina:

Retire fronha e capa protetora e coloque o travesseiro na máquina, posicionando-o na vertical e em duplas, para balancear a máquina. Lave os seus acessórios em água fria, no ciclo de lavagem suave e de preferência com sabão líquido, em quantidade maior do que a habitual para limpar o interior do travesseiro. O sabão também pode ser aplicado diretamente sobre as manchas para retirá-las com mais eficiência. Minha dica é substituir o amaciante por vinagre para higienizá-lo melhor.

VEJA AQUI O PASSO A PASSO:

COLCHÃO

A cada três meses, o colchão deve passar por um processo chamado de giro, o que nada mais é do que rotacioná-lo em todas as direções e sentidos para minimizar o desgaste natural do material e o afundamento desigual, que torna o colchão nocivo para nossa coluna.

Uma dica para você se lembrar de quando deve girar o colchão é pregar um pedaço de fita, ou uma etiqueta de pano, nas extremidades do colchão, colocando os meses onde deve fazer o giro. No início de cada mês determinado, o colchão deve ser rotacionado para que o nome do mês fique no topo da etiqueta aos pés da cama. Veja como limpar seu colchão com bicarbonato de sódio na pág. 111.

VENTILADOR

Confirme que o seu ventilador está fora da tomada. No caso dos ventiladores de teto, desligue a chave de força do ambiente.

VENTILADOR PORTÁTIL: Esse tipo de ventilador permite que as grades sejam removidas, facilitando o modo de limpeza. Aspire a poeira das peças ou tire-a manualmente com uma escova. Depois use um pano limpo, embebido em água misturada com um pouco de detergente, ou em uma mistura de água com vinagre. Passe um pano úmido por todo o ventilador, espere secar e monte-o novamente.

VENTILADOR DE TETO: Para limpar, o segredo está em uma fronha velha. Encaixe a fronha nas hélices do aparelho para que a poeira da parte de cima do aparelho não caia sobre você, nem no ambiente.

DO QUARTO

LENÇOL

Se o lençol de cima do seu jogo não tem vira, a melhor maneira de arrumá-lo na cama é do avesso. Dessa maneira, quando você colocar a colcha ou o edredom por cima e virar um pedaço do lençol, o que vai aparecer é o lado certo, sem aquelas cores pálidas e a costura do avesso.

Finalize a cama com uma colcha ou edredom.

Para deixar seu roupeiro ou gaveta de lençóis em ordem, o truque é guardar todas as peças de um mesmo jogo dobradas dentro de uma fronha. E tem dica na pág. 108 para deixar os jogos de cama com cheirinho de limpeza por mais tempo.

E o lençol de elástico? Não parece um pesadelo dobrá-lo? O vídeo abaixo mostra como fazer isso sem complicação.

BICHOS DE PELÚCIA

As lavagens devem acontecer no máximo a cada seis meses, e podem ser feitas de duas maneiras (veja orientações do fabricante):

LAVAGEM NA MÁQUINA: Use aqueles sacos de lavar roupas delicadas para acomodar seu bicho de pelúcia. Se não tiver um, pode usar uma fronha bem amarrada. Escolha o ciclo suave de lavagem com centrifugação e use o sabão em pó habitual. Ao final, deixe seu bicho de pelúcia secar bem, à sombra, para o sol não danificá-lo.

LAVAGEM À MÃO: Em uma bacia, misture água e sabão em pó até formar espuma e molhe delicadamente o bichinho, sem encharcá-lo. Espalhe a espuma por todo o brinquedo, esfregue com cuidado e enxágue delicadamente. Deixe secar bem à sombra.

BONECAS

Para fazer a limpeza superficial de bonecas que ficaram encardidas com o tempo, faça uma solução cremosa de bicarbonato de sódio misturado em água morna. Aplique na peça, fazendo movimentos circulares leves para retirar a sujeira e, depois, limpe a boneca com um pano macio umedecido. Se a boneca de borracha está muito suja ou riscada com caneta esferográfica, passe uma camada generosa da pomada que tenha peróxido de benzoíla (pomada antiacne) sobre os riscos e deixe agir por 3 horas no sol. É importante notar que o sol é um fator fundamental para que esta dica funcione. Depois disso, é só limpar a boneca com um pano umedecido.

Sala

Quando eu penso em sala, sempre me lembro da minha infância, quando existia firme e forte aquele conceito de "sala de visitas": aquela sala bonita, garbosa e arrumada que só era usada em ocasiões de festas ou quando iríamos receber alguém. Com os melhores móveis e, provavelmente, boas economias investidas na decoração do cômodo. Ainda bem que este conceito caiu por terra e o chique agora é usar e viver em toda a nossa casa. Abaixo às regras e barreiras do morar! É por isso que agora, mais do que nunca, as dicas para manter nossa sala limpa de um modo prático são mais do que bem-vindas.

Todos os dias vale recolher a bagunça espalhada pela casa e devolver cada item para seu lugar. Para salas de TV, um dos lugares mais utilizados da casa, recomenda-se uma limpeza diária do chão, varrendo com uma vassoura de cerdas macias, limpando com um pano úmido ou usando o aspirador.

Para manter a ordem, é importante ter uma regra de ouro na cabeça: sujou, limpou.

limpeza de itens

POR FLÁVIA FERRARI

PELOS EM ESTOFADOS

Pode ser de gatos, cães ou mesmo de alguma roupa com um tecido diferente: sofás, poltronas e a mais variada gama de estofados estão sujeitos a pelos.

E como é difícil livrar-se deles!

A solução clássica é usar aqueles rolos adesivos industrializados.

Porém, uma dica prática que funciona tão bem quanto é enrolar um pedaço de fita crepe em torno da sua mão e capturar todos os pelinhos indesejados com agilidade.

Outra alternativa é calçar luvas de borracha e friccionar uma mão contra a outra durante alguns segundos para gerar energia eletrostática – que permitirá apanhar os pelinhos com mais facilidade.

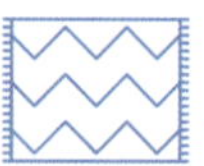

TAPETES

Lavar o tapete em casa não é tão difícil e assustador quanto parece. Polvilhar bicarbonato de sódio por toda a superfície, deixar agir por 12 horas (ou um pernoite) e depois aspirá-lo dá conta do recado.

Para tirar cheiros do seu tapete, faça uma solução de 3 colheres de sopa de vinagre branco para cada litro de água e aplique no tapete com a ajuda de uma escova de cerdas macias (veja a sessão especial do bicarbonato de sódio e vinagre que começa na pág. 100).

O ideal é fazer essa limpeza profunda a cada 6 meses.

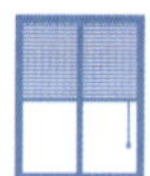

PERSIANAS

Pode parecer brincadeira, mas o segredo para limpar persianas com agilidade é usar um pé de meia, daqueles que ficam perdidos na hora da lavagem. **Ao calçar a meia em uma de suas mãos**, você diminui pela

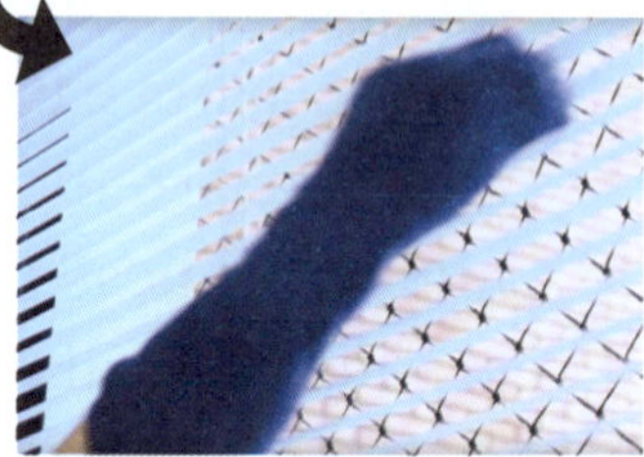

metade o tempo que levaria limpando cada lâmina – e a dica é limpá-las com uma solução multiuso de partes iguais de água e vinagre branco colocadas em um frasco com borrifador.

VEJA AQUI O PASSO A PASSO:

DA SALA

QUADROS

Não tem por aí aquela expressão que diz que "tal coisa é batata" quando é muito fácil de fazer? Quando falamos de limpar quadros, ela não poderia ser mais verdadeira. Para limpar telas sem danificá-las, passe metade de uma batata para capturar toda a poeira acumulada. Como alternativa, você também pode usar miolo de pão.

E tem uma dica que eu adoro sobre pendurar quadros com pasta de dente na pág. 94.

GIZ DE CERA NAS PAREDES

Um risco – ou um desenho – de giz de cera nas paredes nos deixa de cabelo em pé! Como minha parede pode voltar à vida?

De duas maneiras muito simples.

A primeira é polvilhar bicarbonato de sódio em uma esponja de limpeza seca e "apagar" o ocorrido, esfregando – o poder abrasivo do bicarbonato de sódio dará conta do recado.

A segunda é usar líquido desengripante para resolver a questão: aplique o líquido sobre o giz de cera que ele irá derretê-lo sem esforço nem complicação.

FLORES ARTIFICIAIS

Para tirar a poeira que se acumula nas pétalas de flores artificiais, o truque é simples: em um saco plástico, coloque um punhado generoso de sal e a flor artificial. Feche o saco e sacuda bem, pois o sal, além de limpar as flores, fará com que as cores das pétalas fiquem mais vivas.

Para casos com uma sujeira de mais difícil remoção, vale uma lavagem com água e detergente neutro. Banhe as flores em uma bacia com esta mistura e repita o processo várias vezes, até a sujeira se soltar completamente. Depois é só enxaguá-las em uma bacia com água limpa e colocá-las para secar num local protegido do sol antes de voltar a usá-las.

Cozinha

Em uma pesquisa realizada com leitores do meu site (www.flaviaferrari.com.br), a limpeza da cozinha foi citada – por unanimidade – como a mais difícil e trabalhosa de uma casa.

ACESSE O SITE

Associada a um trabalho contínuo, diário e incessante, é onde os maiores esforços e tempo são demandados. Que dureza!

Com este panorama, a cozinha é, sem sombra de dúvida, o lugar onde as dicas fazem a maior diferença na vida doméstica, agilizando e facilitando o dia a dia para que o coração da casa pulse cada vez mais feliz, leve e descontraído. Vamos lá?

limpeza de itens

POR FLÁVIA FERRARI

LEITE DERRAMADO

Esfregue no leite derramado um **pano quente** enquanto ele ainda

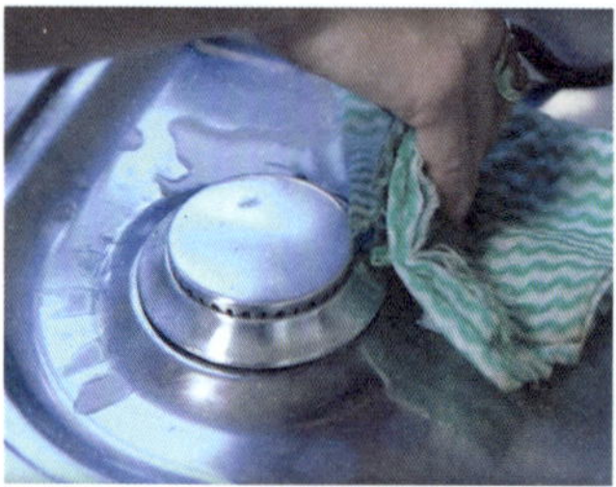

estiver úmido. Se for pouca quantidade e você conseguir umedecer o pano em água quente, mais fácil ainda será a limpeza. Não o encharque, apenas o umedeça.

Quanto antes você fizer a limpeza, mais facilmente a sujeira sairá. E para manchas mais difíceis ou que estão ressecadas há um tempo, faça uma pasta com bicarbonato de sódio e deixe agir sobre elas que tudo ficará mais fácil.

GELADEIRA

Uma geladeira deve ser limpa toda semana com uma misturinha de 1 colher de sopa de bicarbonato de sódio para 2 litros de água morna. É só passar nas paredes e prateleiras com uma esponja ou um **pano macio**

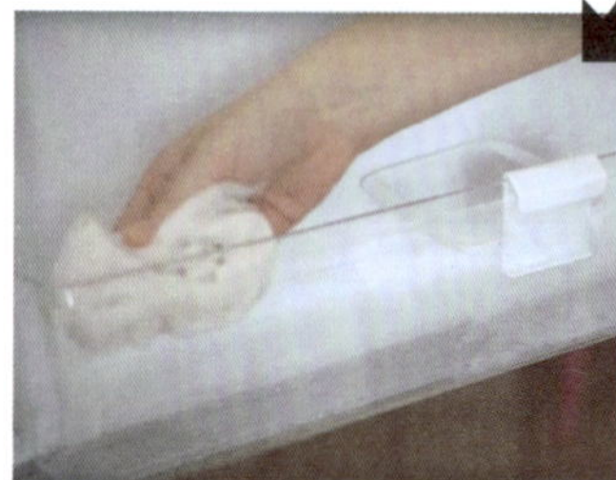

para dar conta do recado. Uma vez por ano aspire a parte posterior da geladeira para limpar a poeira dos condensadores externos.

MICRO-ONDAS

Coloque folhas de louro em um recipiente que vá ao micro-ondas. Aqueça por 2 minutos na potência alta. Deixe a tigela descansar no interior do aparelho por 5 minutos e depois limpe.

Não é recomendado usar produtos abrasivos que podem arranhar o revestimento do aparelho e gerar pontos de ferrugem. Sempre é preferível optar por papel toalha ou um pano macio, o que ajuda na durabilidade do eletrodoméstico. Você também pode limpá-lo com uma infusão de limão (pág. 114) ou de vinagre branco (pág. 120).

VEJA AQUI O PASSO A PASSO:

DA COZINHA

GRADE DE FOGÃO

Para limpar as grades do fogão, você vai precisar de saco plástico do tipo zip e um frasco de amônia que você compra em farmácias em geral. Basta colocar a grade dentro do saco, depositar a amônia e fechá-lo, deixando agir por 24 horas. Não é necessário que a amônia cubra toda a extensão da grade, porque o seu vapor potente vai amolecendo toda aquela gordura grudada. Por isso, é importante que o saco fique bem fechado. Se as grades do seu fogão são grandes, vale encaixar dois sacos para que eles façam a vedação do arranjo. Depois dessas 24 horas, é só lavar as grades facilmente com uma esponja e detergente neutro e conservar o seu fogão limpo.

ESPONJAS DE LOUÇA

O ideal é desinfetá-las à noite, para deixá-las limpinhas e prontas para uso no outro dia. Há duas alternativas seguras e práticas:

NO MICRO-ONDAS: Coloque as esponjas úmidas no micro-ondas e aqueça-as na temperatura alta por 1min30s. Lembre-se de verificar a superfície da esponja para garantir que não exista nenhum resquício de palha/lã de aço, pois isso pode causar fagulhas e combustão no interior do aparelho. A esponja também deve estar completamente livre de resíduos de alimentos.

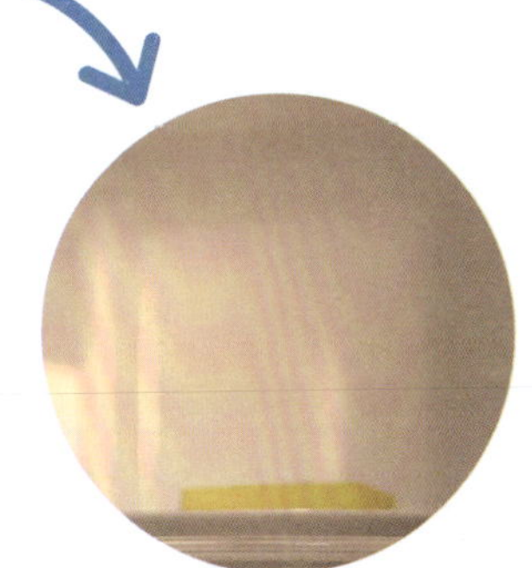

NO FOGÃO: em uma panela, coloque água para ferver em quantidade suficiente para submergir toda a esponja. Assim que a fervura subir, desligue o fogo e deixe a esponja – livre de resíduos de alimentos – de molho por 10 minutos.

Banheiro

O banheiro já foi um lugar bem distante da casa. Foi, passado e ponto-final. Hoje o banheiro é quase símbolo de status. Todo mundo quer um banheiro bonitão e confortável para chamar de seu, uma "casa de banho privativa" na qual podemos cuidar melhor de nós mesmos em meio ao caos da vida cotidiana. Acho justo. Só não acho justo pensar que cuidar deste espaço da casa deve ser complicado e por isso temos quc dcsistir dele. Alguns cuidados simples – que até são feitos durante a noite, enquanto dormimos – dão conta do recado. Desistir, jamais. Luxo é ter uma casa para vivermos plenamente, aproveitando cada cantinho.

limpeza de itens

POR FLÁVIA FERRARI

BOX DE BANHEIRO

O problema do box de banheiro, seja ele de vidro ou de acrílico, é a gordura corporal que fica aderida a ele. A receita caseira para limpar box de banheiro é uma mistura de:

- 1 colher de sopa de sabão em pó
- 2 colheres de sopa de bicarbonato de sódio
- 1 xícara de vinagre branco
- 1 xícara de água morna
- 1 colher de sopa de álcool

Aplique nas paredes do box e deixe agir por 5 minutos antes de retirá-la.

ESPELHO

Os espelhos são superfícies delicadas e não vale a pena riscá-los.

O ideal é limpá-los com um pouco de água morna colocada em um pano macio – evite espirrar qualquer líquido no espelho, pois ele pode se acumular atrás da moldura do mesmo e causar aquelas manchas pretas.

Como alternativa, você pode limpá-lo com álcool.

E para que o espelho não embace, passe uma fina camada de espuma de barbear ou sabão neutro e depois o limpe com um pano macio.

CHUVEIRO

Pode parecer engraçado pensar em lavar o chuveiro, mas este procedimento é necessário, principalmente para evitar entupimentos nos furinhos que jorram água para nosso banho gostoso. Não é difícil nem trabalhoso: encha um saco plástico firme com vinagre branco, o suficiente para encobrir toda a base do chuveiro, e amarre-o em volta da cabeça do mesmo com elásticos. Deixe pernoitar para que o vinagre trabalhe por você, desentupindo cada furinho do chuveiro sem esforço. Depois é só usar o aparelho normalmente até a próxima data da limpeza. Mas antes de fazer isso, lembre-se de desligar a energia dos chuveiros elétricos.

VEJA AQUI O PASSO A PASSO:

DO BANHEIRO

REJUNTE

Aquele fermento químico em pó que venceu pode ser usado para limpar o rejunte do banheiro, sabia disso? Basta polvilhar um pouco do produto em uma escova de dente velha e esfregar as frestas.

Outra alternativa é borrifar vinagre branco no rejunte, deixar agir por 5 minutos e depois realizar a limpeza.

Agora, se a situação está crítica, faça uma mistura de 7 copos de água, 1/4 de copo de vinagre branco, 1/3 de copo de suco de limão e 1/2 copo de bicarbonato de sódio – aplique no rejunte e deixe agir por 15 minutos para facilitar sua vida.

XÔ, MOSQUITINHOS

As mosquinhas ou mosquitinhos de banheiro não transmitem nenhum tipo de doença, mas não é por isso que vamos deixá-los vivendo em nossa casa. Para evitar sua proliferação, lave os ralos e canaletas do banheiro com água bem quente + cloro ou água sanitária. Vale abrir o ralo, tirando a tampa para fazer aquela limpeza caprichada. Como precaução, durante 3 dias seguidos, sempre à noite, depois que todos já tomaram banho, coloque dentro dos ralos 1 colher de sopa de bicarbonato e 1 colher de óleo de essência de eucalipto para deixar seu banheiro cheiroso e livre desses insetos.

VASO SANITÁRIO

Para limpar bem o interior do vaso sanitário, é importante ter acesso a toda a superfície dele; por isso, o primeiro passo é fechar o registro e pressionar a descarga para reduzir o nível de água. Feito isso, levante a tampa do vaso, borrife o desinfetante nos lados e ao redor da borda e deixe-o escorrer em todo o vaso. Esfregue-o com uma escova, espalhando o líquido por toda superfície, e deixe agir por 10 minutos. Ao terminar, pressione a descarga e use a água fresca para já limpar a escova. E não deixe de preparar as pastilhas desinfetantes para vaso sanitário que eu mostro nos meus produtos favoritos (pág. 128).

Por toda a casa

Tem truques e dicas que não se encaixam em um único cômodo – digamos que eles são multifuncionais (como nós!). E eles são tão bons e facilitadores que não dava para deixá-los de fora do nosso superlivro, não é mesmo? Então, bora conferir nossas dicas ótimas!

limpeza de itens

POR FLÁVIA FERRARI

COMO LIMPAR VIDROS

Existe limpa-vidros caseiro? Existe, sim, senhor! Anote a receita e facilite a sua vida:
5 litros de água, 1 colher de sopa de vinagre branco,
1 colher de sopa de álcool.
Coloque em um frasco com borrifador ou em uma esponja para limpar os vidros de sua casa. Aproveite para fazer essa limpeza em dias nublados, para facilitar o serviço e evitar que o limpa-vidros seque antes da hora, deixando manchas. E o segredo para limpar vidros sem erro é : jornal! Esta dica vem da época da minha mãe e é tiro e queda: polir as janelas com um jornal amassado é uma forma de obter um brilho reluzente. O papel ainda deixa uma película que é resistente à sujeira.

LIMPAR TV

Na limpeza semanal, use panos macios que não soltam fiapos, como flanelas, panos de microfibra ou antiestáticos para tirar o pó do aparelho. Tire a televisão da tomada, para garantir sua segurança e também deixar as sujeiras mais aparentes. A limpeza da tela é feita com água desmineralizada ou uma solução de partes iguais de água desmineralizada e álcool isopropílico aplicadas no pano macio – mas em pouca quantidade, deixando o pano quase seco. Passe o pano com movimentos sutis e só religue o aparelho quando a tela estiver seca.

MEIA FINA NA VASSOURA

Use a sua meia-calça desfiada para tirar a poeira da sua casa. **Envolva a sua vassoura com uma meia** e passe no

piso empoeirado. Devido à eletricidade estática, a poeira adere na meia sem fazer mais pó. Você também pode vestir a meia em uma de suas mãos para tirar o pó de objetos menores e limpar superfícies de bibelôs ou ainda colocá-la no cano do aspirador para encontrar com facilidade objetos perdidos no tapete.

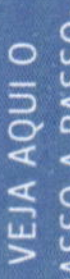

POR TODA A CASA

LIMPAR LÂMPADAS

Você sabia que uma lâmpada suja pode perder até 50% da sua eficácia de iluminação? Lâmpada limpa é lâmpada funcionando bem e também sinal de economia.

Desligue a eletricidade e espere a lâmpada esfriar, no caso de ela estar acesa. Tire a lâmpada do soquete, segure-a pela base e passe cuidadosamente um pano úmido bem torcido. Espere secar bem antes de recolocá-la.

E se quiser um perfume extra, passe um pouco de essência, extrato de baunilha ou óleos essenciais no topo da lâmpada. Quando ela acender, o perfume se desprenderá.

TIRAR COLA DE ETIQUETA

É impressionante! Tem etiqueta grudada em todo lugar, até nas solas dos sapatos. Para nos livrarmos delas, esta receita caseira é a dica de ouro. Em uma tigela, misture partes iguais de bicarbonato de sódio e óleo de cozinha, qualquer tipo. Coloque essa mistura sobre a danada da etiqueta e deixe agir por meia hora. Depois disso, é só tirar o papel sem esforço e lavar a peça, que fica sem resíduo nenhum de cola.

Outra alternativa, tão eficaz quanto, é passar uma camada do óleo da moda, o óleo de coco, sobre a etiqueta e deixar agir por uns 30 minutos. Você verá como ela se soltará facilmente.

TCHAU, FORMIGAS!

Uma das formas de eliminar ou inibir as formigas que invadem a casa é colocar saquinhos com folhas de louro ou cravos-da-índia dentro dos armários de mantimentos. Esses elementos agem como repelentes naturais. Mas olho vivo, hein? A estratégia só funciona se os mantimentos estiverem fechados e se os sachês forem trocados a cada três meses.

Para controlar focos de formigas, se este for o caso, prepare uma solução de água e detergente em partes iguais. Com o auxílio de uma seringa com agulha, injete o líquido nos orifícios de onde elas saem, como paredes e frestas de batentes de portas e janelas.

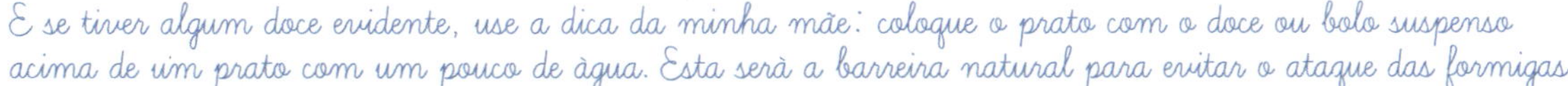

TETOS

Não é porque parecem fora do alcance que os tetos não devem ser limpos. Para limpá-los, você precisa de um acessório de cabo longo, como uma vassoura coberta com um tecido limpo e macio, que vá limpar sem arranhar a superfície. Você também pode contar com um aspirador com extensor para aspirar a poeira. Uma escada é fundamental. Para garantir sua segurança, não se pendure no teto, nem em qualquer tipo de forro,

Este é o primeiro passo na limpeza de qualquer ambiente, lembrando a regra de ouro: começamos sempre de cima para baixo.

Tetos pintados são limpos aspirando-se a poeira dos cantos para o centro do espaço.

Retire respingos de gordura dos tetos da cozinha com uma solução desengordurante industrializada ou com uma mistura de água e bicarbonato de sódio – porém, confira antes se a tinta é lavável, para que não seja retirada com este procedimento de limpeza.

Tetos de madeira envernizada devem ser somente aspirados com carinho; se forem pintados, siga a regra dos tetos pintados.

Para cuidar de forros de gesso, deve-se lembrar de que se trata de um material frágil e propenso a danos pela ação do tempo. Dissolve-se na água e é facilmente manchado com mofo e gordura proveniente da cozinha. Para limpá-lo, use apenas água sanitária ou vinagre. Com uma esponja macia ou um limpa-piso, aplique o produto suavemente e esfregue. Abra janelas e portas para arejar o ambiente e dissipar o odor do produto. Uma dica valiosa é, ano a ano, pintar o forro com tinta acrílica. A proteção plástica dela ajuda a evitar mofo e acúmulo de gordura na superfície. Outra maneira é permanecer com o local arejado na hora do banho ou de cozinhar.

Para o forro de PVC, de natureza plástica, faça uma solução com 1/2 xícara de detergente neutro diluído em 1 litro de água. Misture até formar uma espuma consistente e aplique com uma esponja macia ou flanela. O PVC é mais resistente e durável, por isso se torna mais fácil de limpar. Para secar o forro de PVC, use uma flanela que não solte pelos. Evite movimentos bruscos e excesso de força, pois isso pode danificar o forro.

T O . . .

Nossas casas não são aquela da música do Vinícius, que não tinha teto, nem tinha nada. Tetos, paredes e pisos estão em todos os cômodos e merecem a nossa atenção.

PAREDES

Se as paredes da sua casa pudessem falar, o que elas diriam?

Que ninguém nunca pensou nelas e que se acumulou poeira e sujeira? Nada disso!

Vamos elaborar um plano para cuidar das paredes com o cuidado que elas merecem.

Aspirá-las com regularidade ajuda muito na limpeza delas. Sempre comece do teto para o chão, utilizando o acessório "escova de pelos" – que é similar a um pano de tirar pó. Para paredes lisas, pintadas com tinta convencional, este processo pode ser feito a cada seis meses. Se as paredes forem revestidas com papel de parede ou texturas, o recomendado é intensificar esse cuidado e fazer isso uma vez por mês.

Se as paredes forem revestidas com papel de parede, leia atentamente as instruções de cuidados com o material, que em geral se encontram atrás da etiqueta do produto. Lá você irá descobrir se o papel é lavável ou convencional.

Para manchas nas paredes, a regra de ouro é sempre a mesma: limpar assim que a mancha acontece.

Se for uma sujeira do dia a dia, uma esponja polvilhada com um pouco de bicarbonato de sódio dá conta do recado, tanto nas paredes como nos espelhos de interruptores e tomadas. Para manchas mais específicas, como giz de cera ou riscos de caneta, consulte as soluções específicas.

Lembre-se sempre de deixar os móveis alguns centímetros afastados das paredes para evitar riscos ou danos, ou utilize protetores de silicone nas extremidades de contato.

PISOS DE MADEIRA

Os pisos de madeira podem ficar sempre bonitos e bem cuidados com pouco esforço. A madeira é um material nobre e super-resistente ao tempo. É um piso mais caro, porém, se tratado de modo adequado, pode durar muitos e muitos anos. Vale o investimento.

Na limpeza diária, varra o assoalho de madeira com uma vassoura de cerdas macias, de pelo sintético, para não arranhar o piso. Outra opção é a vassoura elétrica ou o aspirador.

E anote estas dicas de ouro para garantir um piso de madeira bonito por mais tempo:

- ✔ Coloque feltros embaixo dos móveis para não riscar seu chão e evite arrastar os móveis. Agora, se isso for necessário, coloque tapetes ou cobertores grossos sob eles.
- ✔ Cuidado com cadeiras com rodinhas e sapatos de salto alto. Eles podem riscar seu piso de madeira natural sem que você perceba.
- ✔ Use tapetes e capachos nos acessos diretos ao piso, especialmente nas entradas da rua. Os tapetes evitam que pequenas partículas risquem seu piso. Um capacho na porta de entrada também ajuda muito.

Mais alguns lembretes importantes sobres os pisos de madeira:

- ✔ Olho vivo com mofo e cupins: escolha sempre revendedores confiáveis que vendem madeira seca e com tratamento anticupim. Faça valer o seu investimento.
- ✔ Evite ao máximo o contato com líquidos, por exemplo, derramamento de água, janela aberta com chuva ou mesmo xixi de pets. Se o piso entrar em contato com algum tipo de umidade, seque-o com um pano macio imediatamente.
- ✔ A luz solar direta incidindo diariamente sobre o piso pode desbotar ou manchar sua cor. Use cortinas e persianas em janelas com incidência de luz direta.
- ✔ Colas (por exemplo, fitas adesivas) também podem marcar o piso.

PISOS LAMINADOS

No dia a dia, a limpeza diária dos pisos laminados deve ser feita com aspirador de pó ou vassoura de cerdas macias na direção das réguas instaladas. Evite utilizar água: ela pode fazer com que as várias lâminas que compõem o laminado se soltem, causando ondulações. E sempre evite que o piso tenha contato com líquido; caso algum seja acidentalmente derramado, seque-o imediatamente com um pano limpo e seco.

Para ajudar a manter o piso limpo, utilize tapetes e capachos nos acessos diretos ao piso, principalmente nas entradas da rua. Lembre-se de que os pisos laminados não combinam com ceras. A aplicação delas ou de outros produtos inadequados pode danificá-lo.

Se, por acaso, o estrago foi feito e seu piso foi danificado, muita calma porque há salvação. É possível substituir apenas uma régua com o instalador e ficar com seu piso novo em folha.

Não utilize materiais abrasivos, como lixas, saponáceo e palhas de aço no piso laminado.

Evite móveis com rodízios de nylon; prefira os de poliuretano ou silicone, que são mais maleáveis e não desgastam o piso.

PORCELANATOS E CERÂMICAS

Nada de sabão para limpar porcelanatos. É perigoso – você pode escorregar e se machucar de forma grave, além de danificar seu piso.

Tanto o esmalte do porcelanato quanto o próprio rejunte podem estragar com a aplicação de produtos abrasivos ou substâncias químicas inadequadas, causando manchas e deixando a superfície porosa. Para o porcelanato, é sempre mais recomendado utilizar um limpador especializado.

E tem mais algumas dicas:

- ✓ Se derramar algo, limpe assim que o líquido cair para evitar manchas.
- ✓ Para varrer o piso, escolha uma vassoura de cerdas macias.
- ✓ Não utilize materiais abrasivos e ceras, como lixas e palhas de aço.
- ✓ Evite móveis com rodízios de nylon; prefira os de poliuretano ou silicone, que são mais maleáveis e não desgastam o piso.

CARPETES

Se você optou pelo carpete em sua casa, saiba que seu melhor amigo a partir de agora será um aspirador. Aspirar seu carpete não apenas o deixa limpo, mas prolonga sua vida útil, retirando todo tipo de sujeira que pode ficar presa entre as suas fibras.

Uma única passada do aspirador, em geral não é suficiente. Pense em passar 12 vezes o aspirador embaixo de portas, 8 vezes em áreas de alto tráfego e 4 em áreas de baixo tráfego. A dica para tornar esta tarefa mais eficiente é mudar o sentido do movimento de quando em quando, possibilitando uma maior eficiência da limpeza.

Lavanderia

“Lavar roupa todo dia, que agonia.”

Esta cantoria acontece desde que eu me conheço por gente. É impressionante como a lavanderia e o ato de lavar roupas intimidam as pessoas. Era a tarefa que mais me amedrontava quando eu comecei a me aventurar pelas tarefas domésticas. Acredito que este receio venha do medo de causarmos algum estrago grande e sem conserto em peças de que gostamos muito. É aquela velha lógica: quanto maior o risco, maior o medo em tomar à frente das tarefas. A missão destas páginas sobre lavanderia e o lavar é justamente diminuir esse medo e mostrar que podemos, sim, cuidar bem das nossas peças de roupas. Começamos com as 10 dicas para lavar roupas, seguido de um apanhado geral de truques, e finalizamos com um guia de como remover as manchas mais comuns. E espero que a tabela dos símbolos universais de lavagem que está nas págs. 152-153 seja sua melhor amiga a partir de agora.

A ideia é fazer você respirar aliviado e descobrir que lavar roupas não é um bicho de sete cabeças.

POR FLÁVIA FERRARI

10 dicas para

1. Feche zíperes e botões ao colocar as peças na máquina de lavar roupas; criar esse hábito ajuda a manter a forma original das roupas.

2. Trate as manchas das roupas logo que elas ocorrem, ou seja, lave as roupas sujas e manchadas o mais rápido possível.

3. Sempre pendure as roupas do lado mais pesado para o lado mais leve - por exemplo, sempre pendure a calça pelo cós. Isso ajuda a secagem mais uniforme.

4. Roupas que deformam, como tricôs e malhas, devem secar em posição horizontal.

5. Coloque os prendedores em locais mais resistentes, como costuras, para minimizar marcas de secagem.

6. Para evitar manchas de ferrugem nas roupas no momento em que vamos passá-las, opte por prendedores de plástico, sem armação metálica. Com o tempo, o metal enferruja e pode manchar as roupas.

LAVAR ROUPA

(7) Não deixe os pares de meias se perderem na máquina de lavar: antes de lavá-los, coloque-os em saquinhos de lavar lingerie. Assim, ficará mais fácil de achá-los depois da lavagem.

(8) Mantenha as peças estampadas e os jeans do avesso, desde a hora de lavar roupas e secar até o momento de passá-las e guardá-las novamente. Dessa maneira, você consegue preservar melhor as cores dessas roupas.

(9) Nunca deixe nenhum objeto nas calças na hora da lavagem. Verifique se retirou tudo o que havia nos bolsos. Com essa pequena atitude, você pode salvar itens preciosos e evitar manchas indesejadas.

(10) Evite passar o ferro sobre os bolsos e o cós da calça, pois isso deixará um brilho de queimado que não se pode mais tirar.

POR FLÁVIA FERRARI

lavagem

PEÇAS DELICADAS

Peças delicadas (lã, linho, seda, com bordados e pedrarias) devem ser lavadas com um sabão específico para elas ou mesmo com xampu infantil, que tem pH neutro e não é agressivo às peças.

NA MÁQUINA DE LAVAR: Uma roupa delicada pode ser lavada à máquina, no ciclo delicado, com o auxílio de um saco protetor de roupas para evitar o atrito com outras peças. Se não tiver um, utilize uma fronha de travesseiro amarrada com um nó na ponta.

LAVAGEM À MÃO: É o modo ideal de lavar estas peças, para que você tenha controle sobre todo o processo realizado.

- ✓ Primeiro separe as roupas delicadas de acordo com o material e tecido. Isso reduz a chance de algum enfeite se soltar ou dos diferentes tecidos puxarem as fibras uns dos outros.
- ✓ Encha uma bacia com água morna e um detergente específico para roupas delicadas ou xampu infantil.
- ✓ Agite suavemente as roupas na bacia, com especial atenção para as manchas ou pontos que sujam mais.
- ✓ Enxágue e tire o excesso de água da sua peça de duas formas: envolva a peça molhada em uma toalha de banho seca para que a toalha absorva o excesso de água antes da secagem ou realize uma **centrifugação manual e controlada com a sua centrífuga de salada**.

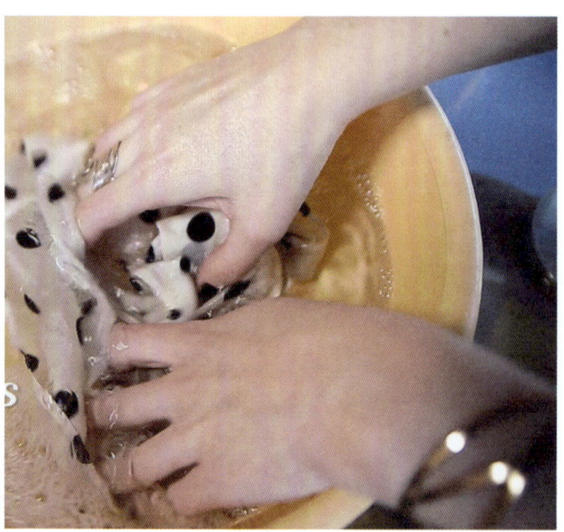

SEM MITOS

ROUPA QUE SOLTA TINTA

Tinta na água é sinal de que o corante das fibras do tecido não está bem fixado nelas. E isso pode causar manchas e desbotamento precoce, fazendo com que as roupas fiquem com aquela carinha de surradas antes da hora. Para evitar isso, coloque sal na água da lavagem. Sim! O sal torna o líquido saturado, sem espaço para receber a tinta que se soltaria da roupa. O corante acaba não se desprendendo, pois o lugar que ele ocuparia no líquido já está tomado pelo próprio sal.

TESTE DA FIRMEZA DE CORES

Para saber se a sua roupa solta tinta na lavagem, faça este teste: umedeça uma parte do avesso da peça colorida e coloque em seguida um pano seco e branco por cima. **Passe ferro quente sobre o pano.** Se o pano ficar manchado, é sinal de que o tecido solta tinta e a peça deve ser lavada em separado.

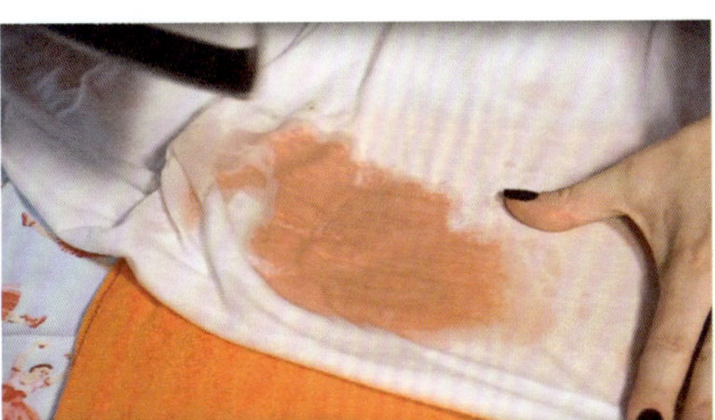

CHEIRO DE ÁGUA SANITÁRIA NAS MÃOS

A água sanitária é um produto muito popular e largamente utilizado, tanto na lavagem quanto no processo de esterilização de objetos e utensílios. Mas, a cada vez que utilizamos este produto sem proteção, o odor característico fica em nossas mãos. O segredo para tirar o cheiro de água sanitária das mãos é simples: jogue um jato de vinagre sobre suas mãos e, em seguida, lave-as. Não se preocupe com o odor do vinagre, já que não ficará impregnado nas mãos como ocorre com a água sanitária. Ele desaparecerá em segundos.

Como alternativa, você pode usar também suco de limão, esfregar as mãos em grãos ou pó de café usado ou leite, mas eu confesso que o vinagre é o meu preferido.

manchou. E AGORA?

Quando uma mancha acontece, parece que nunca mais vamos conseguir nos livrar dela – o desespero é um sentimento normal, principalmente porque é sempre aquela peça de roupa mais querida que acaba manchando. Perdemos o jogo? De jeito nenhum! A boa notícia é que, para quase todos os tipos de manchas, há uma solução – na maioria dos casos, mais simples do que imaginávamos.

Registro aqui 5 regrinhas simples que nos ajudam a vencer a batalha contra as manchas:

1. **IDENTIFIQUE A MANCHA:** cada tipo de mancha tem um tratamento específico e isso é muito importante – um tratamento errado pode fixar ainda mais a mancha no tecido.

2. **LEIA A ETIQUETA DE COMPOSIÇÃO:** ela é obrigatória para todos os itens do vestuário e nos orienta sobre o que pode ou não ser feito. Há uma tabela com os símbolos universais de lavagem nas págs. 152-153.

3. **VELOCIDADE É TUDO:** quanto antes remover uma mancha, maiores as possibilidades de sucesso.

4. **NÃO ESFREGUE, NÃO ESPALHE:** muitas vezes, quando esfregamos as manchas na maior das boas intenções, o que fazemos é espalhá-las. Por isso, olho vivo nas técnicas para que o estrago não fique maior.

5. **NÃO ESQUENTE:** o calor pode fixar uma mancha de forma permanente. Por isso, olho vivo antes de passar as roupas ou colocá-las na secadora.

E tenha paciência: nem sempre é de primeira que vencemos a batalha. Às vezes é necessário repetir o processo para acabar com elas de uma vez por todas.

POR FLÁVIA FERRARI

apague esta

MANCHA DE MOFO E BOLOR

Misture 1 litro de água sanitária para uma xícara de açúcar. Coloque a peça manchada na água limpa e despeje essa mistura para ver as manchas sumirem. Em geral, peças coloridas não desbotam nessa mistura devido a uma questão química entre o açúcar, a água sanitária e o corante das roupas. Mas é sempre recomendável fazer um teste prévio em um pedaço pequeno da sua peça para ver como ela vai se comportar e não ter surpresas desagradáveis depois.

MANCHA DE GORDURA

Antes de lavar a peça manchada com gordura, temos que tirar o óleo em si do tecido. Coloque uma quantidade generosa de talco sobre a mancha de gordura e deixe descansar de um dia para o outro. Depois é só tirar o excesso de talco, verificar se a mancha sumiu e lavar a peça normalmente.

MANCHAS DE SANGUE

Em manchas de sangue fresco, o segredo é sempre passar a peça manchada em água fria para que a água dissolva a mancha sem esforço. Se sobrar algum resíduo, um pouco de sabão neutro dá conta do recado. Não é recomendado usar água quente neste tipo de mancha, pois, como há proteínas na composição do sangue, o calor só faz com que ela fixe ainda mais.

Para manchas de sangue seco, coloque água oxigenada 10 volumes sobre a mancha e deixe agir. Pode ser necessário repetir o processo mais de uma vez, à medida que a efervescência cessa até a mancha desaparecer completamente. Para tecidos muito delicados, comece com uma mistura de água oxigenada e água em partes iguais em vez de usar o produto puro. Ou use uma pasta de água e sal para aplicar na mancha úmida e depois esfregar sobre ela. A abrasividade dos grânulos de sal e as suas propriedades de desidratação devem soltar o sangue.

MANCHA

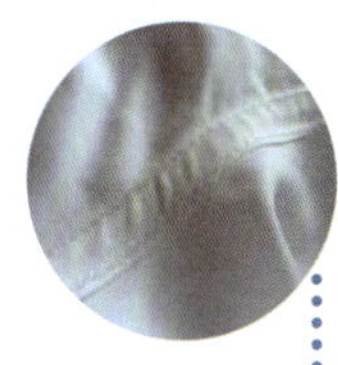

MANCHA DE SUOR

Para manchas mais resistentes e antigas, o segredo é usar uma pasta turbinada com limão e bicarbonato. Misture bicarbonato de sódio e suco de limão até obter uma consistência pastosa. A quantidade varia dependendo da área manchada que você irá tratar. Aplique sobre a mancha na roupa seca, esfregando com a ajuda de uma escova de dente velha e limpa. Deixe agir por 45 minutos. Em seguida, deixe a roupa de molho por 1h30 em um balde com sabão. Depois é só lavar como de costume.

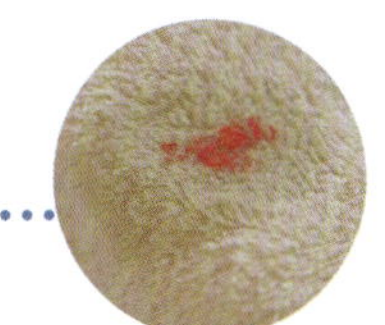

MANCHA DE ESMALTE

A acetona serve para tirar manchas de alguns tecidos, porém ela não é segura em todos eles, principalmente nos sintéticos. Antes de aplicá-la, recomenda-se fazer um teste em uma área escondida da peça para ver como ela irá reagir. Uma alternativa mais segura é o óleo de banana, que também é um solvente de esmalte. Faça assim: aplique óleo de banana sobre a mancha e deixe agir por uns minutinhos. Depois, com muito cuidado, esfregue somente a área manchada usando uma escova de dente, sabão neutro e água. Repita o processo quantas vezes forem necessárias para remover a mancha completamente e lave a peça como de costume.

MANCHAS DE VINHO

Seja rápido e não deixe a mancha secar. Retire o excesso de vinho com um papel-toalha e lave a peça com água e sabão. Uma alternativa é colocar um pouco de sal na mancha ainda molhada – cubra toda a mancha e deixe descansando por cinco minutos. Em seguida, retire o excesso e repita o processo até que clareie bem. Depois disso, é só lavar normalmente. Também é possível limpar vinho misturando uma parte de vinagre branco com três de água e embeber a mancha sem esfregar. Absorva o excesso com papel toalha. Depois lave como de costume.

POR FLÁVIA FERRARI

apague esta

MANCHAS DE CANETA ESFEROGRÁFICA

Limpe a área rabiscada com um chumaço de algodão molhado em álcool. Use algodão para não danificar o tecido. Dependendo da intensidade da tinta da caneta, talvez seja necessário repetir o procedimento mais de uma vez.

Se a mancha estiver fresca, tente absorvê-la com toalha de papel e passe álcool com um cotonete.

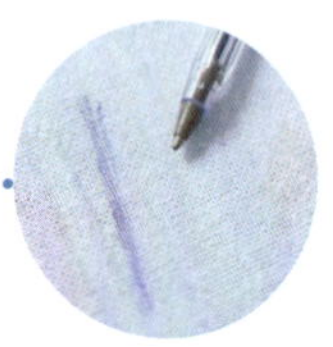

MANCHAS DE CANETA HIDROGRÁFICA

Manchas de hidrocor podem ser retiradas de tecidos com leite quente, como me ensinou a minha mãe. Coloque bastante papel toalha sobre a mancha e a embeba de leite; então a cubra com mais papel toalha, para que ele absorva a tinta sem espalhá-la. Repita o procedimento até que a mancha desapareça completamente. Se você tem nata de leite, vale colocá-la sobre a mancha para que ela a absorva completamente.

MANCHAS DE CAFÉ

Há várias maneiras de tirá-las. Passe um cubo de gelo sobre a mancha de café até que ela saia completamente. Também é possível molhar a mancha com água morna e colocar um pouco de bicarbonato de sódio sobre ela para que este produto absorva todo o café. A terceira alternativa é passar um pouco de vinagre ou álcool para não deixar o tecido manchar.

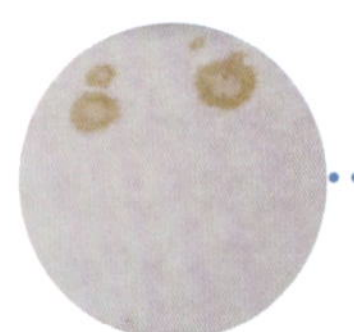

MANCHA

MANCHAS AMARELADAS EM ROUPAS

Roupas que ficaram guardadas por muito tempo perdem as manchas amareladas se ficarem de molho no sol depois de esfregadas com sabão de coco, o famoso quarar. Para retirar as manchas mais resistentes, ferva a peça com uma mistura de 45g de bicarbonato de sódio e 45g de sal em 4 litros de água.

MANCHA DE MOLHO DE SOJA (SHOYU)

Esfregue nabo cru sobre a mancha para vê-la desaparecer em segundos. Não é à toa que, na maioria dos restaurantes japoneses, é servida uma porção de nabo ralado ou fatias de nabo com os sushis e sashimis.

MANCHA DE FERRUGEM

Se a mancha de ferrugem não é tão antiga, o limão costuma dar conta do recado. Coloque a peça em uma bacia e cubra--a com água. Aplique o limão com um pouco de sal sobre ela e leve-a ao sol. Antes que a roupa seque, enxágue--a bem. Caso não tenha sucesso, vale usar um removedor de manchas industrializado.

Além das dicas caseiras, há muitos produtos novos no mercado que podem nos auxiliar na remoção de manchas, como os limpadores enzimáticos. Ao usar esses produtos, é importante ler o rótulo para saber quais manchas podem ser tratadas com ele, bem como o período máximo de aplicação para não danificar as fibras do tecido.

POR FLÁVIA FERRARI

SOCORRO,

Derrubei esmalte no piso. Como posso retirá-lo sem criar mais confusão?

Calma que a solução é doce! Basta jogar açúcar por cima de todo respingo de esmalte caído para evitar confusão. O açúcar vai secar o esmalte tão rápido que até impressiona. Depois é só retirá-lo com papel toalha ou uma vassoura, impedindo manchas e desastres ainda maiores sem estresse.

Quebrei um copo: como eu recolho aqueles microcaquinhos para ninguém se machucar?

Para capturar aqueles pedaços menores, que muitas vezes a gente nem enxerga, o segredo é usar miolo de pão. Pegue um miolo de qualquer tipo de pão e passe pelo chão; os caquinhos grudarão no miolo e seu piso estará pronto para ser pisado sem perigo novamente.

Lembre-se também de recolher os pedaços maiores manualmente e coloque-os em um embrulho feito com muitas folhas de jornal, caixas de leite vazias ou ainda garrafas pet. Identifique como lixo cortante e separe-o do lixo comum. Assim, a segurança de quem transporta o lixo é garantida, inclusive dentro da sua própria casa.

Flávia!

Meu filho fez xixi no colchão. Já limpei a mancha, mas não consigo me livrar do cheiro forte. O que eu faço?

Cheiro de xixi fica impregnado em colchões e sofás. É terrível! Mas a solução é muito simples e eu testei e aprovei: basta colocar água oxigenada 10 volumes sobre o local do acidente para que a gente veja o cheiro desaparecer assim que ela secar. Esta dica também vale para cheiro de vômito. Mas preste atenção: antes de jogar a água oxigenada em qualquer colchão ou móvel, faça um teste em um pequeno pedaço dele – de preferência pouco visível – para saber se não vai manchar, tá?

Ah! E esta dica também vale para sumir com odores de animais. Para potencializar o resultado, principalmente em caixas de areia, é só misturar a água oxigenada 10 volumes ao nosso supercuringa, o bicarbonato de sódio.

Grudou chiclete em uma peça de roupa. Como eu removo?

A solução é simples: basta congelar o chiclete grudado com uma pedra de gelo envolta em um saquinho plástico. O gelo vai endurecer a goma do chiclete, que vai se desprender facilmente da superfície em que estava grudada. Esta solução vale para o chiclete grudado na roupa, no sapato ou mesmo no cabelo.

dicas de
cozinha

A cozinha é o coração da casa – esta é uma frase clássica, não? Mas, para mim, mais do que o coração, a cozinha é um universo – engloba todos os tipos de desejos, relações e vontades.

A paixão é o lado mais conhecido do cômodo, associado ao fogão e ao forno dos quais saem as receitas com sabor de família e aconchego, os cheiros e sabores de infância e de felicidade.

Ouvimos também que "Os bons amigos sempre acabam na cozinha" – uma das maiores verdades; cozinha é intimidade.

Cozinha é sinônimo de fartura. Cozinhar envolve uma relação de afeto, e a passagem de receitas de geração em geração é uma forma de comunicação, de transmissão de amor, de cultura. Não é por acaso que o termo "receita" é um dos mais buscados na internet.

Se, por um lado, nos lembramos da nossa receita preferida, com sabor e memória de família, e salivamos com um cheiro como se fosse um aconchego, por outro, as tarefas do dia a dia ligadas à cozinha intimidam. É também o grande desafio de manutenção da limpeza diária do lar – que fica mais fácil se olharmos tudo com generosidade e contarmos com a ajuda das nossas dicas poderosas.

Falaremos de muitas coisas por aqui, para complementar a primeira pincelada que demos sobre a limpeza da cozinha nas págs. 26-27. Falaremos da limpeza detalhada de vários eletrodomésticos, frutas, temperos, truques e preparos (muitas vezes surpreendentes) e fecharemos com chave de ouro com um guia de como lavar a louça – porque muitas vezes o óbvio não é tão simples quanto parece. Você me acompanha?

POR FLÁVIA FERRARI

LIMPEZA DE ELETRODOMÉSTICOS

Os eletrodomésticos são nossos maiores auxiliares no dia a dia da cozinha - cortam, picam, trituram... fazem a mágica acontecer. Porém não basta tê-los; é importante conhecê-los bem para saber tirar o melhor de cada um deles e, acima de tudo, saber como mantê-los sempre impecáveis. Procurei colocar orientações para os eletroportáteis e eletrodomésticos mais comuns de uma cozinha - as grandes orientações para a limpeza do fogão, geladeira e micro-ondas estão nas págs. 26-27.

LIQUIDIFICADOR: Lave o copo do liquidificador preenchendo até a boca com água morna e sabão; lave e seque bem ou coloque no cesto superior da máquina de lavar louça. Limpe com um pano úmido a base do motor, lâminas, montagem de vedação e anel de travamento. Não submergir em água. Para resíduos difíceis, despeje 1/2 xícara de água e 1/3 de xícara de bicarbonato de sódio no copo e ligue brevemente o liquidificador.

CAFETEIRA: Limpe o exterior com água quente e sabão; enxágue e seque. Para uma limpeza interna do mecanismo, encha a garrafa com água e vinagre branco em partes iguais. Despeje no reservatório e ligue-o. Faça o procedimento normalmente (sem o café) e depois deixe a máquina descansar por uma hora. Depois, encha de água limpa e repita o procedimento algumas vezes.

PROCESSADOR: Quando picar pequenas ervas, ou folhas, ou mesmo depois de moer café, coloque pão ou arroz branco cru para pegar qualquer café persistente ou especiarias. Se você tiver qualquer resíduo ou aromas deixados por nozes ou castanhas, coloque 1 colher de sopa de bicarbonato e limpe cuidadosamente.

SANDUICHEIRA: Sempre limpe a superfície da sanduicheira com uma espátula de madeira para não agredir o revestimento antiaderente. Ou use papel toalha enquanto a superfície estiver morna e a sujeira não totalmente aderida. Você também pode tirar a sanduicheira da tomada e deixá-la fechada com um pano macio umedecido dentro. Espere esfriar e verá que os resíduos se soltarão mais facilmente.

Dica extra: coloque cascas de ovo no liquidificador e o ligue. O atrito entre as cascas e as lâminas as deixará bem afiadas.

TORRADEIRA: Desligue a torradeira e espere esfriar. Leve-a até a pia e tire a bandeja da migalha, deixando as migalhas caírem na pia (ou vire-a de cabeça para baixo). Limpe a bandeja da migalha com um pano úmido. Limpe o exterior com um pano macio umedecido com detergente leve.

LAVA-LOUÇAS: Para desinfetar o interior da máquina, coloque 1/2 xícara de vinagre no reservatório e execute um ciclo vazio. Como alternativa, é possível colocar uma pequena tigela cheia de vinagre na prateleira inferior e executar um ciclo vazio.

FREEZER: Descongelar o congelador requer organização e planejamento: é bom planejar o degelo com antecedência para se certificar de que você pode transferir os alimentos congelados para outro lugar enquanto limpa o congelador. Uma boa dica é fazer essa tarefa antes das compras de suprimentos para a casa, quando o aparelho tende a estar mais vazio. Faça o degelo antes que a camada de gelo fique superior à espessura de 1 centímetro. Se você não tem tempo para esperar por horas para a dissolução total do gelo, ponha dentro da geladeira um pote com água muito quente para acelerar todo o processo. Quando não houver vestígios de gelo, seque o interior do congelador sem se esquecer da porta. Se você precisar limpá-lo, passe uma esponja embebida em água morna e bicarbonato de sódio e depois use um pano seco.

BATEDEIRA: A limpeza do recipiente da batedeira deve ser efetuada com água e detergente neutro. As ventosas devem ser limpas com pano umedecido com sabão neutro e água. Já para os batedores, utilize uma escova para lavá-los. Lembre-se de que o corpo da batedeira, onde se encontra o motor, não pode ser lavado. Para limpá-lo, passe um pano com detergente neutro e em seguida, um pano limpo e seco.

ESPREMEDOR: No espremedor, a parte mais vulnerável é o coador, que tem bastante contato com os alimentos. Por isso, dedique maior atenção a essa parte do aparelho. Para higienizá-lo, coloque as partes que ficam em contato com as frutas numa solução de bicarbonato e água, limpe o exterior com um pano úmido com detergente, depois passe um pano umedecido e em seguida seque. Utilize uma escova de dente para limpar os cantos e os botões mais difíceis.

POR FLÁVIA FERRARI

FRUTAS

Frutas fazem parte de uma dieta saudável e equilibrada, isso ninguém discute. Porém, como conservá-las? Como escolher a mais doce, a mais saborosa?

Ah! Por que ninguém nos conta isso?

Ou melhor, não contava - pois cada vez que eu descubro um segredo, uma dica, um truque mágico, registro e divido com vocês. Como esta lista linda que nos salva com pouquíssimo esforço. Ah, o limão também é fruta, não podemos esquecer. Mas como é um dos nossos curingas, ele mereceu uma sessão só para ele na pág. 118.

BANANAS DURANDO MAIS. Para fazer com que as bananas durem mais, basta separá-las do cacho cortando suas hastes com uma tesoura. Este corte vai cicatrizar e vedar as frutas, garantindo uma durabilidade maior.

CANUDOS NO MORANGO. Para tirar as folhas e o topo do morango com facilidade, basta encaixar um canudo na extremidade inferior da fruta e pressionar suavemente até que ele saia do outro lado, levando consigo as folhas do morango.

MAÇÃ CORTADA SEM ESCURECER? Basta colocar as fatias da fruta de molho por 5 minutos em uma solução com meia colher de chá de sal diluída em 1 litro de água. Depois, basta enxugar as fatias e guardar em um saco fechado por até 5 dias em geladeira. Um truque simples, rápido e que não altera o sabor da fruta.

FATIAS DE MANGA PERFEITAS. Corte as fatias de manga no sentido do comprimento da fruta e passe um copo por elas, separando a polpa da casca sem trabalho.

KIWI NA COLHER. Este é o jeito mais fácil de descascar um kiwi perfeitamente: encaixe a colher entre a casca e a polpa da fruta e gire-a suavemente. A casca se desprenderá com facilidade e a fruta será utilizada como um todo.

PERA NO PONTO CERTO. As peras amadurecem de dentro para fora, por isso a forma ideal para conferir o amadurecimento é apertando, gentilmente, com o polegar, a base do talo. Se ele ceder, a pera está no ponto.

3 DICAS PARA EVITAR QUE O ABACATE ESCUREÇA

Quando o abacate cortado escurece, isso quer dizer que ele oxidou ao entrar em contato com o ar. Para evitar isso, há alguns truques:

1. FARINHA: Quando você cortar o abacate, coloque na metade que não for usar um pouco de farinha de trigo, espalhando por toda a superfície; assim ele não escurece. Depois é só retirar a farinha e consumi-lo normalmente.

2. MANTEIGA: Assim que cortar o abacate, passe manteiga por toda a superfície para evitar que escureça.

3. LIMÃO: Pincele um pouco de suco de limão em toda a superfície para o abacate não escurecer. Isso muda um pouco o sabor da fruta, mas garante que ele não oxide.

Dica natural: Se você guardar o abacate com caroço, ele também não vai escurecer, mas embrulhe bem em plástico filme para deixar bem firme.

Como capturar mosquitinhos de frutas. As mosquinhas ou mosquitinhos de fruta vêm atrás das frutas bem docinhas, que estão amadurecendo em nossas fruteiras. A solução é fazer uma armadilha para capturá-las, evitando o uso de inseticidas. Em um copo, coloque duas colheres de açúcar, cubra com vinagre de maçã e finalize com um pouco de detergente de cozinha. Misture até fazer espuma. Coloque próximo do local de concentração desses mosquitinhos. Eles serão atraídos pela mistura docinha e ficarão presos na espuma, morrendo no vinagre.

POR FLÁVIA FERRARI

TEMPEROS

Uma vida sem tempero não tem graça. Cebola, alho e ervas fazem TODA a diferença em um prato e em nossa alegria de saborear a vida.

A Maria, que é meu anjo da guarda há anos, sempre me diz sorrindo que a cebola é a "Rainha da Cozinha" - e eu tenho que concordar.

Principalmente porque, quando estou triste ou desanimada com algo da vida, lá vai a Maria colocar umas cebolas para dourar, uma couve bem picadinha, um tutu de feijão com ovo frito de gema mole (meu prato preferido) e transforma meu humor.

Salve a Maria! Salve a cebola! Vamos temperar esta vida?

COMO ARMAZENAR CEBOLAS. Na verdade, se deixadas na geladeira por muito tempo, as cebolas serão vítimas de umidade e tenderão a amolecer e criar fungos. O ideal é colocá-las no escuro, na despensa, em locais arejados, podendo durar até 5 semanas.

Uma curiosidade: as cebolas roxas em geral conservam-se por maior tempo do que as brancas e amarelas.

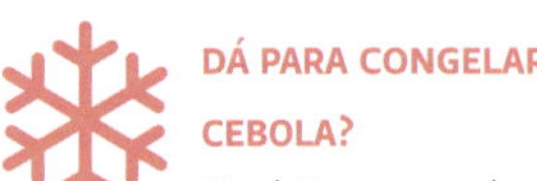

DÁ PARA CONGELAR CEBOLA? Sim! Corte a cebola em rodelas ou pique-a em cubos pequenos. Coloque a porção em uma vasilha aberta no freezer até congelar. Aí armazene em um pote de plástico rígido ou saco plástico e feche-o, retirando a maior quantidade de ar possível. Assim, a cebola pode ser conservada por até seis meses.

MEIA CEBOLA – COMO GUARDAR? O recomendado é manter a cebola cortada na geladeira por um curto período de tempo, guardada em um recipiente fechado para que o cheiro não se espalhe por todo seu eletrodoméstico. Se isso por acaso aconteceu, corre para conferir as dicas para ter uma geladeira sem cheiros na pág. 72. Você também pode armazenar a cebola cortada embalada em filme plástico e depois em uma folha de papel-alumínio. Além do cheiro não sair, a cebola manterá sua umidade original.

NÃO ARMAZENE CEBOLAS E BATATAS JUNTAS! As cebolas devem ser mantidas separadas das batatas, pois as batatas liberam umidade e gases que fazem a cebola apodrecer.

Dica para cortar cebola sem chorar: *o segredo é resfriar suas cebolas no freezer por 10-15 minutos antes de cortá-las. Se for em geladeira, o período pode ser de umas duas horas. Esse procedimento reduz a quantidade de enzima ácida liberada no ar e não afeta o sabor do alimento. E sempre usar uma faca bem afiada ajuda muito.*

DESCASCANDO ALHO: 3 MANEIRAS

1: SACUDINDO. Coloque uma cabeça de alho ou só os dentes separados em um pote tampado. Sacuda bem por trinta segundos e retire todos os dentes descascados. Esta maneira vale se você vai utilizar vários dentes de alho de uma única vez.

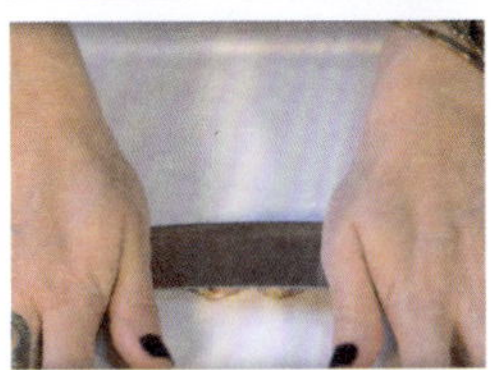

2: AMASSANDO. Em uma tábua de corte, separe os dentes de alho que vai utilizar e amasse-os com uma faca. Você vai notar que a casca vai desprender-se da polpa com uma enorme facilidade. É a melhor maneira para descascar pequenas quantidades de alho – porque o ideal é mantê-lo na casca até o consumo.

3: ESQUENTANDO. Coloque a cabeça ou somente os dentes de alho que vai utilizar no micro-ondas por 20 segundos e em seguida retire a pele. Cuidado que o alho está quente e um pouco molinho.

COMO FAZER COM QUE OS TEMPEROS DUREM MAIS

Congele ervas frescas com azeite. Assim, você garante por muito mais tempo aquele tempero que você adora! Mas escolha ervas frescas que resistem bem ao calor e têm seu sabor potencializado por eles, como alecrim, tomilho, orégano e sálvia. Faça assim:

1. Escolha ervas saudáveis e firmes.
2. Pique ou congele em pequenos ramos.
3. Encha as forminhas de gelo com as ervas até a metade.
4. Faça um mix de ervas, se desejar.
5. Despeje o azeite ou manteiga derretida sobre as ervas e cubra com um plástico filme.
6. Quando congelado, retire e coloque em sacos próprios para freezer e não se esqueça de etiquetar tudo direitinho.
7. Para utilizar, basta pegar o cubo que deseja colocar na panela; seu azeite vai ter todo o sabor e perfume das ervas.

POR FLÁVIA FERRARI

Sempre digo que há um jeito mais fácil para fazer qualquer coisa – isso vai desde descascar um ovo até lançar um foguete no espaço. Bem, para ser honesta eu ainda não participei de nenhum lançamento espacial. Mas posso garantir que as dicas de truques e preparos vão facilitar – e muito – a sua vida na cozinha.

ALIMENTOS

COMO DESCASCAR O OVO COZIDO COM PERFEIÇÃO.

Há três truques que garantem um ovo cozido perfeitinho para decorar seus pratos:

1. Coloque uma colher de café de bicarbonato de sódio na água onde vai ferver seu ovo.
2. Assim que estiver pronto, esfrie o ovo cozido na água corrente da torneira.
3. Por fim, a dica de ouro: bata o ovo em uma superfície lisa, deixando a casca bem quebrada. Depois, role o ovo fazendo pressão com a sua mão. A casca vai sair fácil, fácil.

ANTES DE USAR, TEM QUE TESTAR.

Testar ovos é muito simples: você só vai precisar de um recipiente profundo e água. Coloque o ovo no recipiente e observe: se ele for para o **fundo do recipiente** é porque está bem fresco; se ficar **flutuando no meio**, ele não está tão fresco assim e deve ser consumido rapidamente. Mas se **boiar na superfície**, este ovo já não é apropriado para consumo.

O OVO CAIU NO CHÃO?

Jogue sal de cozinha sobre o ovo caído, na clara e na gema e deixe agir por 10 minutos. Como esta dica funciona: o sal dissolve as lipoproteínas do ovo, mudando a consistência dele, acabando com toda a gosma e assim facilitando a limpeza.

ARROZ SEMPRE FRESCO.

Arroz fresquinho, daquele que acabou de sair da panela, é uma delícia, mas com esta vida corrida que todo mundo leva, não é sempre que a gente tem tempo de preparar um para o almoço ou jantar, não é mesmo? Para devolver a aparência e o sabor de um arroz "feito na hora" ao arroz requentado, basta aquecê-lo no micro-ondas colocando uma pedrinha de gelo para cada xícara de arroz. Cubra com a tampa e leve para aquecer por 4 minutos, depois aguarde 2 minutos antes de servir para que ele fique bem hidratado.

POR FLÁVIA FERRARI

COMO DESFIAR FRANGO. Frango desfiado é um curinga na cozinha, tanto para pratos quentes quanto frios. O segredo para desfiar o frango sem esforço é deixá-lo cozinhar na panela de pressão por 15 minutos após começar a pressão, com seus temperos de preferência. Retire a pressão e o caldo do frango (não descarte, congele-o para utilizar em outros preparos), feche a panela novamente com o frango dentro e sacuda a panela por cerca de 10 segundos, ou 4 a 5 sacudidas. Você terá um frango desfiado sem nenhum esforço.

SAL SOLTO NO SALEIRO. Sal que não sai do saleiro é uma chatice, né? A gente tenta de tudo, coloca arroz no saleiro, mas não adianta: é uma luta. A dica para evitar isso é a seguinte: leve uma frigideira ou panela pequena, de preferência de inox ou material antiaderente, ao fogo e deixe esquentar levemente. Abaixe bem o fogo, adicione o sal e mexa durante 2-3 minutinhos. Com esse procedimento, o sal desidrata e não gruda mais no saleiro.

MUITO SAL? Não tem jeito, às vezes escorregamos e salgamos demais algum preparo, como sopas e molhos. Para salvar essa situação coloque uma batata crua no meio do líquido – a batata irá absorver o sal, salvando o dia!

ESTÁ APIMENTADO? Exagerou na pimenta? Tire o apimentado extra de preparos e molhos colocando um pouco de açúcar para evitar o ardido.

FAÇA SEU AÇÚCAR DE CONFEITEIRO. Precisa de açúcar de confeiteiro na sua receita e não tem em casa? Transforme açúcar comum (cristal ou refinado) em açúcar de confeiteiro batendo-o no liquidificador.

E TAMBÉM AÇÚCAR COLORIDO. Coloque um pouco de açúcar cristal em um saco plástico limpo e pingue duas ou três gotas de corante alimentício. Feche o saco e movimente o açúcar, até que a cor fique toda homogênea. Se quiser, adicione mais corante para uma cor mais forte. O truque é colocar o corante aos poucos para que o açúcar não fique molhado nem melecado.

BOLO DURO NUNCA MAIS. Basta colocar uma fatia de pão de forma sobre o bolo ou nos pedaços em que ele foi cortado para evitar que o bolo endureça.

BISCOITO ESFARELADO SEM CONFUSÃO.

Para aquelas receitas que pedem biscoitos esfarelados para compor a massa, a melhor solução é colocar os biscoitos dentre de um saco tipo zip, tirar bem o ar e fechar. Depois é só vir com o rolo de massa e esfarelar bem, transformando tudo na farofa base sem bagunçar sua cozinha.

BOLACHAS CROCANTES NOVAMENTE. Bolachas, biscoitos, salgadinhos e cereais ficam amolecidos porque absorvem a umidade presente no ar e perdem aquela crocância. A solução para que eles voltem à vida está no micro-ondas. Coloque as bolachas em uma refratária e leve ao micro--ondas por 30 segundos na potência alta. Deixe esfriar e você verá que as bolachas voltam a ficar crocantes. Esta dica também funciona com batatas fritas.

PÃO FRANCÊS CROCANTE CONGELADO.

Na hora de descongelar, a dica de ouro para garantir uma casquinha crocante é a seguinte: molhe a palma da sua mão, deixando--a somente úmida, passe por toda a casca do pão francês congelado e coloque em forno em temperatura baixa/média por cerca de 10 minutos. Ele ficará macio e crocante como se estivesse saindo da padaria.

Dica extra: Congele porções que serão usadas de uma só vez, já que, depois de descongelados, os pães não deverão voltar ao freezer. No freezer, os pães podem durar até 3 meses.

SORVETE MACIO

Depois de aberto, a melhor forma de preservar a consistência original cremosa do sorvete é **guardando-o em um saco zip**, antes de colocá-lo

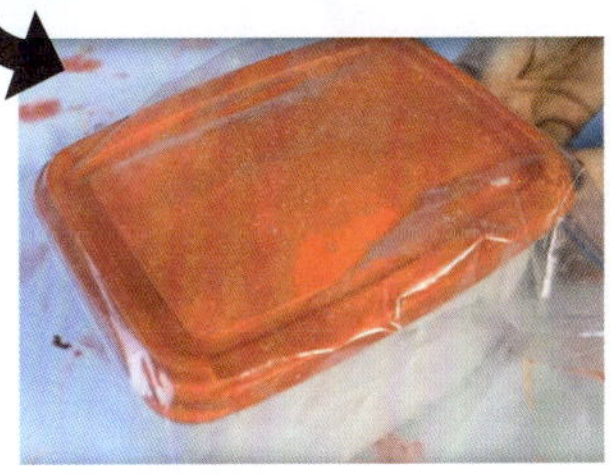

de volta ao freezer. É importante que o sorvete aberto não tenha derretido, porque aí formam--se cristais de gelo e a consistência muda.

E para servir o sorvete com mais facilidade, o truque é deixar a concha em um recipiente com água morna. O calor da água aquece a concha, que vai deslizar melhor e fazer bolas perfeitas.

UTENSÍLIOS

COMO TIRAR COPOS GRUDADOS

Copos emperrados é sinônimo de vácuo entre eles. Usar a força para separá--los pode causar um belo acidente, machucando suas mãos. A solução segura para isso é uma brincadeira de quente/frio. Coloque gelo no copo de dentro para que ele se contraia. E jogue água quente no copo de fora para que ele se expanda.

CORTADORES CASEIROS EXPRESS

Precisa de uma massa cortada na forma redonda? Simples, utilize um copo ou uma lata vazia, pressionando sobre a massa para ter os cortes redondos perfeitos.

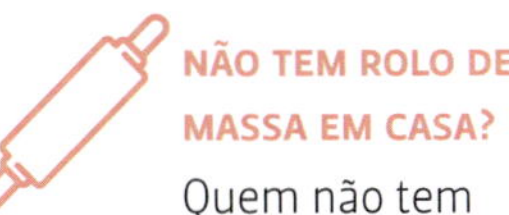

NÃO TEM ROLO DE MASSA EM CASA?

Quem não tem cão, caça com gato, já dizia o ditado. Se você não tem um rolo de massa em casa, pode usar uma garrafa como pau de macarrão improvisado para preparar suas receitas.

PRESERVE O CORTE DA FACA

Guarde as facas no cepo com o corte para cima. Dessa forma, o fio é mantido por muito mais tempo, porque não ficamos desgastando a lâmina à toa no atrito com a madeira.

TÁBUA DE CORTE BEM FIXA

Coloque um pano de prato ou um papel toalha molhado debaixo dela. Assim, terá mais firmeza e seu trabalho será facilitado.

COMO COLOCAR A MESA SEM ERRO

Regra simples, fácil de memorizar – e eficiente – para acabar com todas as dúvidas na hora de colocar uma mesa para o dia a dia: meninos à esquerda, meninas à direita. Como assim? Simples: os talheres do gênero feminino (a faca, a colher) são posicionados juntos ao lado direito do prato. O talher masculino (o garfo) fica só, ao lado esquerdo. Fácil de lembrar, não?

COMO NÃO ENGORDURAR A PÁGINA DE UM LIVRO DE RECEITAS

Passe uma vela sobre a página do livro de receitas que irá utilizar. A parafina irá impermeabilizar a página, protegendo-a de eventuais respingos e acidentes.

TIRE A GORDURA DAS MÃOS RAPIDINHO

Esfregue suas mãos em uma mistura de água e açúcar. Pode ser açúcar refinado, açúcar cristal, açúcar demerara – o importante é que ele vai capturar a gordura rapidamente para você ter as mãos desengorduradas para fazer o que precisar.

COLHER DE PAU

Ela é um utensílio mais do que especial. Eu acho que todo mundo deve ter pelo menos uma colher de pau para chamar de sua. É como se fosse um cetro da cozinha, um símbolo de poder, que passa de geração a geração. Para mim, as colheres de pau são imbatíveis em uma cozinha de casa. Elas não danificam revestimentos antiaderentes e nem esquentam o cabo. E ainda há várias dicas sobre o uso delas para facilitar nossa vida.

Mas antes de conhecermos as dicas, vale saber como cuidar bem delas!

Lave sempre após o uso, nunca deixe para depois, para evitar que bactérias se propaguem na superfície. Por isso, lave bem com água - de preferência morna - e sabão, seque o máximo que puder e depois deixe secar por um tempo em um pote bonito. Se tiver acabado de usar o forno e ele ainda estiver quentinho, vale deixar a colher lá para acelerar a secagem. Mas olho vivo: colheres de pau não devem ser lavadas em máquinas de lavar louça, isso diminui a vida delas. Lavagem sempre manual.

HIGIENIZAR

Para higienizar as colheres de pau, há três receitas:

COM VINAGRE: Lave com detergente e água quente, enxague e mergulhe em uma solução de vinagre e água (medida de 1 para 1), deixe de molho por 30 minutos, enxague e seque bem com um pano limpo.

COM LIMÃO: Dilua o sumo de um limão num copo com água e deixe a colher limpa de molho durante 30 minutos, no mínimo. Em seguida, lave e deixar secar bem.

COM BICARBONATO: deixe de molho em uma solução de 1 colher (sopa) de água sanitária, 2 xícaras (chá) de água quente e 1 colher (sopa) de bicarbonato de sódio, por 15 a 20 minutos, enxágue e seque bem. Esta solução higieniza e tira odores da colher de pau.

Hidratar

Para conservar sua colher por mais tempo, vale lubrificar a madeira com uma camada fina de óleo mineral, passado com um papel toalha, e deixar secar.

E AS DICAS...

EVITE TRANSBORDAMENTOS

E de repente a água que você colocou para ferver transborda da panela e suja todo seu fogão. Parece complicado, mas evitar essa bagunça e sujeira na cozinha é mais simples do que parece. Basta colocar uma colher de pau atravessada sobre a panela onde colocamos a água para ferver. A colher impede que a água se derrame, sujando tudo e podendo até apagar o fogo.

MACARRÃO SEM EMBOLAR

Coloque a colher de pau na panela com macarrão para evitar que a massa enrosque enquanto cozinha.

TESTE A TEMPERATURA DO ÓLEO

Coloque a colher de pau no óleo que foi colocado para esquentar. Quando surgirem bolhas ao redor da colher, o óleo está quente, pronto para ser utilizado.

POR FLÁVIA FERRARI

XÔ, CHEIRO RUIM NA CONZINHA!

CHEIRO RUIM NA LIXEIRA

A lixeira. Quando a gente fala de cheiro ruim, não tem como não pensar nela. O truque de colocar um pouco de bicarbonato no fundo do latão para capturar o cheiro ruim funciona muito bem. E vale também limpar o corpo da lixeira com meio limão cortado para desinfetar e deixar um perfume bacana. Anotou aí?

CHEIRO RUIM NA GELADEIRA

Para tirar o cheiro ruim da geladeira, vale deixar um potinho com alguns pedaços de carvão ou pó de café para capturar o mau cheiro. Um recipiente aberto com bicarbonato de sódio – olha nosso curinga das dicas – também resolve seu problema. Deve ser trocado a cada 3 meses.

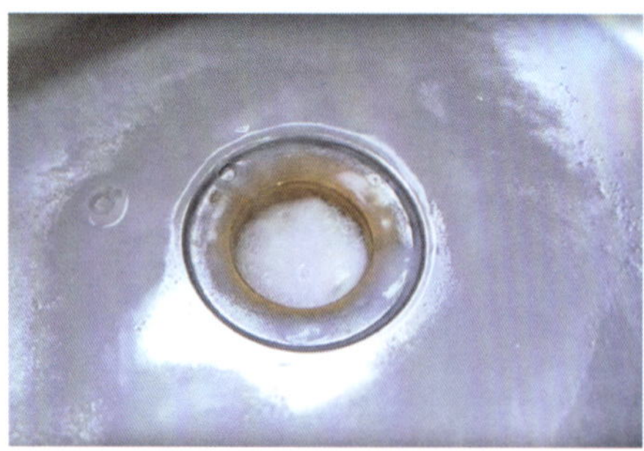

CHEIRO DE PIA

Uma vez por semana, em geral naquele dia da limpezona da cozinha, coloque no ralo da sua pia:

- 1 xícara de café de bicarbonato de sódio
- 1 xícara de café de sal
- Meio litro de água fervendo

Cubra com um pires e deixe agir por 15 minutos.

CHEIRO DE FRITURA

Por pior que o cheiro de fritura pareça, livrar-se dele é muito simples: aqueça uma frigideira com canela em pó enquanto realiza a fritura ou mesmo depois de terminá-la que o cheiro desaparecerá.

CHEIRO EM POTES DE VIDRO

O segredo para sumir com qualquer cheiro em potes de vidro é este: mostarda em pó. Desodorize os potes de vidro com uma mistura de uma colher de chá de mostarda em pó e 1/4 de xícara de água quente. Deixe o pote fechado até a água esfriar, lave normalmente e pode usá-lo sem medo.

CHEIRO EM POTES PLÁSTICOS

Isso é muito comum, e a solução encontra-se em sua farmacinha: coloque sal de frutas no pote plástico, misture com água e agite. Deixe agindo por 15 minutos e lave normalmente seu pote praticamente novo. Esta dica vale também para copos plásticos de liquidificador, tá?

Outra alternativa bastante eficiente e curiosa é a de tirar o cheiro ruim das vasilhas plásticas com gelo. Isso mesmo! Coloque água no pote plástico sem preenchê-lo completamente – lembre-se de que, quando a água congela, ela se expande – e leve-o para o freezer. Depois é só remover o gelo e lavar o pote. Lembre-se de que alguns tipos de potes plásticos podem não resistir ao congelamento e se romper. Olho vivo para não estragá-los!

CHEIRO DE QUEIMADO

Se o cheiro de queimado estiver no seu forno, deixe uma maçã partida pernoitar dentro dele para capturar o odor. Se for na cozinha, corte uma cebola ao meio e coloque em uma tigela de água. Deixe-a no meio do ambiente durante a noite para absorver todos os odores do ar.

CHEIRO DE PEIXE

O pior cheiro, eleito com louvor! Para tirar o cheiro de peixe da cozinha, ferva limões fatiados ou limão espremido em uma leiteira durante e após o preparo do peixe. Tchau, cheiro de peixe!

POR FLÁVIA FERRARI

COMO LAVAR LOUÇA

1

A primeira coisa a se fazer é preparar a louça. Limpe os pratos e talheres com um papel toalha antes de depositá-los na pia e não coloque um copo praticamente limpo dentro de um utensílio engordurado.

2

Se você não vai lavar a louça do jantar à noite, vai deixá-la acumulada para a manhã seguinte, deixe-a com água para as sujeiras não endurecerem na louça e dificultar seu trabalho de limpeza. Lembre-se de que não dá para deixar a louça assim por muito tempo, porque sua pia pode começar a ter vida própria, com fungos e bactérias.

3

A dica de ouro mora no detergente: pingue algumas gotas de limão no seu detergente de costume. Isto irá aumentar o poder desengordurante dele e facilitar seu trabalho. Você confere como tirar gotinhas de limão sem desperdício na nossa seção especial do limão (p. 118).

4

Você sempre começa a lavar pela ordem de sujeira: louça mais limpa primeiro, para depois encarar as mais complicadas. Desse modo, os primeiros itens a ser lavados são os copos e jarras, porque eles não têm gordura. Ensaboe todos eles e só depois enxágue – isso economiza água.

5

Repita este procedimento com os pratos e os talheres. Ao terminar, lave bem a pia e higienize sua esponja.

Voilà! Louça lavada sem traumas.

1
Pooh

2

3

4

5

POR FLÁVIA FERRARI

SOCORRO,

Tenho uma festa em casa e não sei como deixar as bebidas geladas rapidamente.

Você não precisa mais do que 3 minutos para resolver este problema. Anote a receita:

Para um saco de gelo de um litro, você vai usar meio quilo de sal de cozinha e meio litro de álcool.

Faça camadas intercalando o gelo, o sal e as bebidas e depois derrame o álcool.

Por que isso funciona?

Porque quando o sal é colocado no gelo, parte dos cubos derrete, esfriando a mistura como um todo. O álcool potencializa isso tudo.

Mas lembre-se de que o tempo de refrigeração vai depender também do tipo de embalagem da sua bebida: latinhas de alumínio resfriam-se mais rápido do que garrafas pet e de vidro, tá?

Nunca me dei bem com os rolos de filme plástico. já cheguei a jogar até alguns fora por nunca encontrar a ponta.

Este problema já era: o filme plástico nunca mais vai embolar se você guardá-lo no freezer em vez de deixá-lo no armário. Simples assim. Tchau, confusão! Tchau, frustração!

Flávia!

Adoro pão com manteiga pela manhã, mas detesto a consistência dura da manteiga recém-tirada da geladeira. Tem alguma dica para mim?

A manteiga precisa ficar na geladeira para que ela não fique rançosa nem se estrague, mas não precisa ficar com ela endurecida na hora do uso. Para amolecer a manteiga antes de passá-la no pão, sem erro: basta colocar uma tigela ou um copo aquecido sobre ela.

Aqueça a tigela com água quente ou esquente-a (com água) no micro-ondas e resolva o problema.

Por que eu não posso derreter a manteiga no micro-ondas quando vou cozinhar?

Quando a manteiga passa do ponto natural de derreter (entre 18 graus), ela perde as propriedades emulsificantes, por isso não é recomendado amolecer manteiga no micro-ondas quando vamos cozinhar. Para não correr esse risco, faça assim: tire a manteiga da geladeira, corte-a em cubos e coloque-os em uma vasilha com água fresca enquanto prepara os demais ingredientes.

dicas de
organização

Organizar, para mim, vai muito além de colocar as roupas e acessórios em um determinado lugar ou como dobrá-los de um jeito ou de outro. Organizar tem a ver com manutenção constante e facilitada de tudo o que nos cerca, de tudo o que usamos. Este conceito ampliado de organização é o que orienta este capítulo. Dividimos nossas dicas em roupas, acessórios e casa. Para que organizar seja a forma com que vamos economizar tempo nas tarefas do dia a dia a fim de viver a vida com muito mais prazer ao lado de quem amamos.

POR FLÁVIA FERRARI

ROUPAS

BLUSAS DE LÃ SEM SOLTAR PELOS

O segredo para fazer com que estes pelos indesejáveis saiam da sua malha está no freezer. Pegue a peça, coloque num saco plástico, feche bem e deixe no freezer por 12 horas. Os pelinhos deixarão de sair. Outra vantagem de deixar suas malhas de lã no freezer é livrá-las dos ácaros e também de qualquer larva de traça de roupa que possa viver aí.

BOLINHAS NAS ROUPAS

As bolinhas que aparecem nas roupas são resultado da quebra das fibras dos tecidos em razão de um procedimento de lavagem pouco adequado ou mesmo do atrito que acontece no uso da peça. O modo mais conhecido de livrar-se delas é usando uma lâmina de barbear – um método que realmente funciona, mas corre-se o risco de cortar a peça e estragá-la de vez. Por isso, a dica de ouro para tirar bolinhas das roupas de uma forma mais segura é usar uma esponja verde e amarela, dessas bem comuns encontradas em supermercados. É só usar o lado verde da esponja nova, mais abrasivo, para passar sobre a peça em movimentos retos, removendo assim as bolinhas.

BOTÃO FIXO

Aqueles botões de camisa que teimam em cair são uma chateação. Ou fazem com que a gente viva de linha e agulha em punho para pregá-los de volta – isto é, quando eles ainda não se perderam, porque há vezes em que esses botões somem de uma vez por todas. Para evitar isso, há um truque simples: passe base incolor, daquelas de unha, sobre a linha que prega os botões. Ela vai "selar" a costura, fazendo com que ela dure por mais tempo, evitando que os botões caiam ou fiquem frouxos.

DESEMPERRAR ZÍPER

O zíper emperrou e não quer andar de jeito nenhum? Esfregue em todo o trilho do zíper um lápis preto comum e deslize para baixo e para cima o fecho até correr normalmente.

EVITAR MANCHAS AMARELADAS

As manchas amarelas em tecidos brancos ou claros são causadas pela ação da luz solar sobre eles. Com o tempo, a incidência da luz faz com que as cores fiquem amareladas e aquele branco não fique tão radiante como era. Para evitar esse problema, use folhas de papel de seda ou sacos de TNT azuis. Envolva as peças limpas e bem secas nas folhas de papel ou sacos para que elas se conservem assim. Esta dica funciona também para vestidos de noiva.

POR FLÁVIA FERRARI

NO ARMÁRIO

DOBRAR CAMISETAS

O segredo do sucesso para ter uma pilha de camisetas estável em um armário é fazer com que todas as peças tenham o mesmo tamanho ao serem dobradas. Por isso, as personal organizers profissionais sugerem que se use gabaritos para dobrar camisetas, feitos em plástico ou acrílico. Mas para fazer isso em casa, sem ter o gabarito específico, a dica de ouro é usar, olha só: uma revista! Posicione a revista nas costas da camisa, comece dobrando as laterais da peça e depois dobre o comprimento. Tire a revista-molde e depois é só arrumar a pilha de camisetas no espaço do seu armário.

veja aqui o passo a passo

DOBRAR CALCINHAS E CUECAS

O pulo do gato para fazer isso é dobrar as abas tanto das calcinhas quanto das cuecas de uma forma que a peça final fique em um formato retangular. Vire a peça do avesso e dobre a aba de duas a três vezes até que ela fique em formato de retângulo. Depois é só dobrar este retângulo em três partes, fazendo com que a parte inferior da roupa íntima se encaixe no elástico, fazendo um pequeno envelope. Olha como fica fácil!

ORGANIZAR LENÇOS E PASHMINAS

Dá para pendurar lenços maiores e pashminas em seu armário. Use um cabide convencional bem firme e prenda-os desta forma: dobre a pashmina ao meio e posicione-as na base do cabide, formando um "U" invertido. Depois, passe as pontas pelo meio deste U e puxe suavemente para firmar a peça. Use o restante do espaço para acomodar outras peças, sem sobrepô-las, a fim de que você possa enxergar todas assim que pegar o cabide em mãos. Vale também organizar por cores, da mais clara para a mais escura, para deixar a sua escolha mais fácil e seu guarda-roupa mais bonito.

SEM TRAÇAS

Não vale estar com tudo em ordem em nossos armários e ter traças para devorar nossas roupas. Por isso, segue a dica para nos livrarmos delas de uma vez por todas: em um frasco com borrifador, coloque partes iguais de água e vinagre branco. Misture bem e aplique em um pano, que vai limpar toda a superfície dos armários e livros. A mistura pode ser usada inclusive nos armários da cozinha. Se quiser optar por algo mais forte, você pode usar uma solução com uma pastilha de cânfora dissolvida em um frasco de terebintina. Aplique nos armários, exceto os de comida, a cada seis meses, utilizando luvas e um pano limpo. O odor dessa solução irá repelir as traças.

PARA AS ROUPAS NÃO ESCORREGAREM DOS CABIDES

Para evitar esta bagunça boba de roupas caindo dos cabides, o conceito é simples: cabides com extremidades antiderrapantes, como aqueles modelos aveludados. A tática é transformar nossos cabides comuns em cabides antiderrapantes com um destes dois truques:

1. Coloque elásticos de cabelo, aqueles revestidos, nas extremidades dos cabides e adeus roupas caindo!
2. Com uma pistola de cola quente, cole um pedaço de feltro sintético nas extremidades dos cabides comuns, transformando-os em cabides antiderrapantes.

BRINCOS EM PARES

Organize os brincos juntinhos, colocando-os em cada furo de um botão para que eles fiquem organizados em suas gavetas e porta-joias ou cheguem organizados ao destino da sua viagem.

CADARÇO DESFIADO

Quando o plástico da ponta do cadarço quebra, transforma o simples ato de passar o cadarço no tênis numa verdadeira maratona, né? Para resolver isso, é só usar um esmalte transparente ou uma base de unhas, mergulhar a ponta desfiada do seu cadarço e depois torcê-la, prendendo com um pregador. Espere secar, e se quiser pode repetir o processo. Ao final você terá uma ponta bem firme, pronta para acabar com essa confusão desnecessária.

COLAR SEM ENROSCO

Duvido que você não tenha aquela correntinha favorita que sempre embola, né? Tem até aquela simpatia que diz que, para desfazer nós com facilidade, a gente tem que pensar em alguém fofoqueiro. Mas, para evitar os nós nessas peças delicadas, a solução está na sua cozinha. É só passar a corrente por dentro de um canudo plástico que ele vai evitar nós e enrosco entre correntes e colares. Isso serve tanto para viagens quanto para armazenar esses acessórios no dia a dia.

LIMPAR BIJUTERIA

É uma técnica muito simples: coloque as bijuterias de molho em uma bacia com água e sabão em pó e deixe pernoitar. Se for necessário, escove partes mais difíceis com uma escovinha de dente, mas, em geral, toda sujeira fica na água sem esforço. Para secá-las bem, coloque-as em uma toalha e passe o secador.

Essa técnica não vale para elementos naturais como pérolas, coral e turquesa, que precisam de um cuidado especial.

MEIA-CALÇA MAIS RESISTENTE

Para que sua meia-calça fique mais resistente e dure por mais tempo, coloque-a no freezer por umas duas horas antes de utilizá-la. As fibras da meia--calça ficam mais resistentes com a baixa temperatura. Mas se algum furo aconteceu, um pingo de base de unhas ao redor do acidente evita um grande desfiamento.

LIMPAR MOCHILA

Para começar a limpeza da mochila, esvazie-a, vire-a do avesso e aspire-a para remover pequenas partículas de sujeira dos cantos. Quando terminar, deixe os zíperes abertos. Utilize um pano úmido para limpar o exterior dela e retirar o grosso da sujeira. Caso a mochila possua algum tipo de estrutura, remova-a antes da lavagem. Retire alças e bolsos removíveis e limpe-os separadamente para garantir uma limpeza completa para a mochila inteira. Corte fios soltos próximos dos zíperes para que a mochila fique como nova após a limpeza. Confira a etiqueta e veja se ela pode ser lavada em água e o modo correto de lavagem. Em geral, coloque a peça em uma bacia e lave-a com movimentos suaves, sem esfregar com muita força. Deixe secar à sombra para que ela não sofra desbotamentos com o sol. Aproveite também este momento e verifique se não há nenhuma parte da alça prestes a se romper.

POR FLÁVIA FERRARI

SAPATOS & SAPATOS

PARA NÃO MACHUCAR

Para aqueles sapatos que pegam no nosso pé, podendo até criar machucados bem feios, há duas soluções eficientes:

Use pomada descongestionante: sabe aquela pomada tradicional, famosa e perfumada, que compramos na farmácia para desobstruir as nossas vias aéreas quando estamos resfriados? Pois bem, essa mesma pomada, se aplicada na parte interna dos calçados que nos machucam, laceia o couro e as linhas do calçado, fazendo com que eles fiquem muito mais confortáveis.

Faça um laceador caseiro: misture 1 colher de amaciante + 1 colher de condicionador ou creme de cabelo e aplique dentro do sapato nas partes que ele te aperta. Em geral, apenas uma aplicação é suficiente e já saímos usando o calçado. Mas há casos em que é necessário repetir o processo.

PARA ALARGAR

Você vai precisar de dois sacos plásticos, um menor para colocar no sapato e outro maior para acomodá--lo dentro do freezer. Coloque água no saco menor e faça com que o líquido se concentre na área em que o sapato precisa ser alargado. Depois, coloque o sapato dentro do saco maior, feche bem e coloque no freezer. Espere que a água congele e deixe o sapato ainda no freezer por mais algumas horas, para que a força do gelo faça o trabalho de lacear o sapato.

COURO ARRANHADO

Arranhões em couro podem acontecer em calçados, estofados e roupas. Chateiam, mas o segredo é hidratar as áreas afetadas para que o couro volte à sua configuração original. Isso pode ser feito aplicando um pouco de óleo mineral sobre os arranhões com a ajuda de um cotonete. Deixe agir por uma hora. Isto faz com que o couro se regenere aos poucos. Se necessário, repita o processo mais de uma vez. Alguns casos podem exigir tingimento.

CHULÉ

Para tirar o mau cheiro de sapatos sem erro, coloque duas colheres de sal em cada par e deixe pernoitar. Depois disso é só tirar o sal do interior e voltar a usar o calçado, preferencialmente não em dias seguidos e repetindo o processo sempre que necessário. O sal torna o ambiente hostil às bactérias e também ajuda a secar o calçado. Caso você não queira usar sal, pode fazer o mesmo processo com bicarbonato de sódio ou vinagre, combinado?

BOTAS DE COURO

Atitudes simples que garantem uma maior durabilidade das botas de couro.

1. Nunca guarde sua bota no guarda--roupa depois de usar; é fundamental limpá-las e deixar arejar bem antes de guardar. Vale a regra de nunca repetir um calçado por dois dias seguidos.

2. Para limpar, use um pano macio úmido e passe em volta de todo o calçado. Também é legal limpar a sola antes de guardá-la.

3. Para dar brilho e hidratar a bota de couro, passe um pano úmido com lustra--móveis. Faça isso periodicamente.

4. Guarde sempre as botas de cano longo com apoios – garrafas pet vazias ou aqueles tubos de espuma de polietileno (espaguetes de piscina) – para que elas mantenham a forma. Jamais use papel velho ou jornal, eles acumulam umidade e podem fazer o calçado mofar.

5. Tire manchas de água borrifando um pouco de vinagre branco e depois reidratando as botas com lustra-móveis ou cera em pasta colorida.

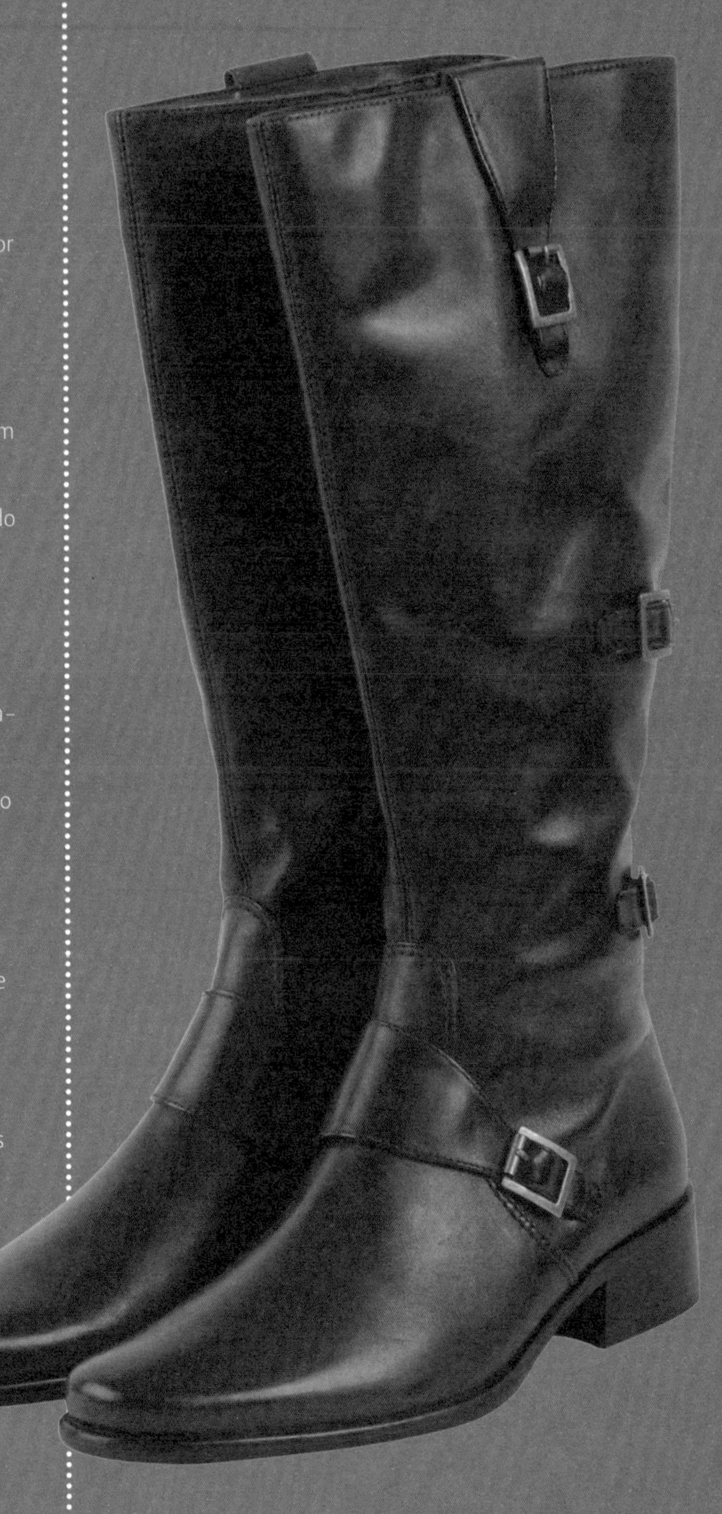

MAQUIAGEM

AMOLECER RÍMEL

Há duas dicas para amolecer seu rímel ou máscaras para cílios:

No micro-ondas: coloque o rímel sem tampa em um copo com água e leve ao micro-ondas por 10 segundos, a fim de que o líquido final se desprenda das paredes da embalagem e você possa usar o produto até o final. Mas repare se não há tinta metálica na embalagem do seu produto para não ter acidentes com o eletrodoméstico!

Com soro fisiológico: coloque algumas gotinhas de soro fisiológico para diluir o produto que endureceu. Se seu rímel for à prova d'água, use uma gotinha de óleo mineral.

LIMPAR PINCEL DE MAQUIAGEM

O segredo da maquiagem perfeita é fazê-la com pincéis limpos.

A primeira coisa a se fazer antes de começar a limpeza de seus pincéis é saber se eles têm as cerdas sintéticas ou naturais.

Cerdas sintéticas GERALMENTE são mais lisas do que as naturais.

Cerdas naturais geralmente são mais macias e maleáveis, enquanto as sintéticas são firmes e durinhas.

Lavando pincéis sintéticos: molhe as cerdas em água morna com cuidado para não molhar o cabo, pingue um pouco de sabonete líquido antibacteriano nelas e esfregue nas mãos em movimentos de vaivém. Deixe formar bastante espuma, enxague e repita o processo até a espuma deixar de ficar colorida.

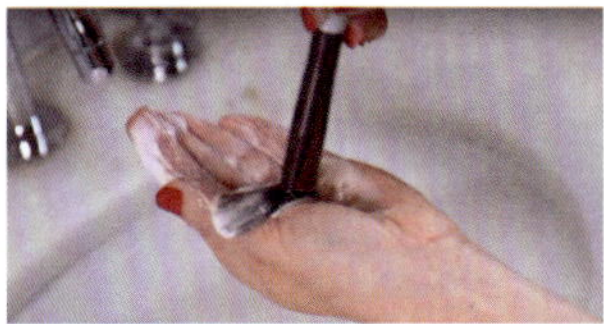

Lavando pincéis de cerdas naturais: molhe-os em água morna, coloque um pouco de xampu neutro na palma da mão e esfregue nas mãos em movimentos de vaivém. Ao final, coloque um pouco de condicionador de cabelos no pincel. Esfregue, enxague com água corrente e dê forma ao pincel com os dedos.

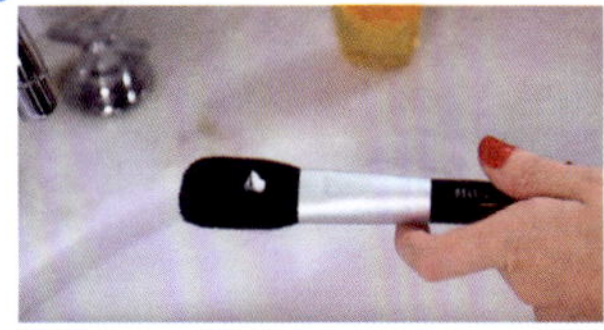

A secagem deve ser feita naturalmente, apoiando os pincéis em uma toalha. Jamais os deixe secar em pé – isso pode apodrecer a base do pincel, além de prejudicar a cola que une as cerdas.

Pincéis bem-cuidados podem durar até 10 anos.

E tem receitinha de limpador de pincéis express na pág. 131.

POR FLÁVIA FERRARI

HIGIENIZAR COSMÉTICOS

A primeiríssima coisa é conferir se seu produto não está vencido, depois é só seguir estas dicas:

Lápis de olhos

Mais fácil, impossível. O recomendado nos lápis de olhos é apontá-los a cada uso e passar um lenço de papel ou papel higiênico na pontinha. Além de limpar onde o apontador não alcança, você pode afiná-lo. E o apontador pode ser limpo com álcool gel.

Máscara para cílios, gloss, aplicador do corretivo líquido

Primeiro tire o excesso de produto do aplicador com um papel higiênico. Depois o deixe de molho em um recipiente com xampu neutro e água morna. Enquanto isso, cuide da embalagem: passe um lenço de papel em volta dela e afunile a ponta um pouquinho por dentro. Depois tire o aplicador do molho e esfregue-o nas mãos embaixo da torneira. Vale fazer isso uma vez por semana.

Batom

O ideal é limpar o batom antes de cada uso, assim você elimina chances de alergias.

Passe um lenço de papel por toda a superfície do batom, com cuidado para não quebrá-lo ou deformá-lo, ou lencinhos com álcool comprados em farmácia. Uma alternativa é mergulhar o batom em um pote com álcool 70 e depois secá-lo com um lenço de papel.

Delineador líquido

O delineador pode ser limpo da mesma forma que os aplicadores das máscaras de cílios, só não é necessário o molho. Você pode esfregá-los com os dedos e o xampu, cuidadosamente, uma vez por semana.

Para cosméticos em pó, o cuidado é mais simplificado, porque dificilmente juntam umidade e resquícios, mas ainda assim precisam de limpeza. Passe um lenço de papel sobre a superfície deles, ao menos a cada quinze dias.

MANCHA DE MAQUIAGEM NA TOALHA

Para evitar manchas de maquiagem em suas toalhas de rosto, a dica de ouro é usar pequenas toalhas pretas ou de outra cor escura, para enxugar o rosto após a remoção da maquiagem, pois desse modo as manchas não ficarão aparentes na trama do tecido escuro. Vale ter algumas dessas toalhinhas pequenas para trocar com frequência e garantir que sua toalha de rosto clarinha não chegue ao fim do dia maquiada.

MAQUIAGEM EM PÓ QUEBRADA

Quebrou? Recompactou! Para isso você vai precisar de álcool 70, aquele que só vende na farmácia. Não vale outro, tá?

1. Junte todos os pedacinhos quebrados (o máximo que você conseguir).
2. Coloque em um recipiente de vidro ou louça e triture bem.
3. Acrescente uma colher de sopa de álcool 70.
4. Misture bem até virar uma pastinha.
5. Coloque toda a pasta de novo na embalagem.
6. Amasse com uma colher alisando a superfície.
7. Pressione um guardanapo ou papel toalha para absorver o excesso de álcool.
8. Deixe secar aberto à temperatura ambiente, de um dia para o outro.

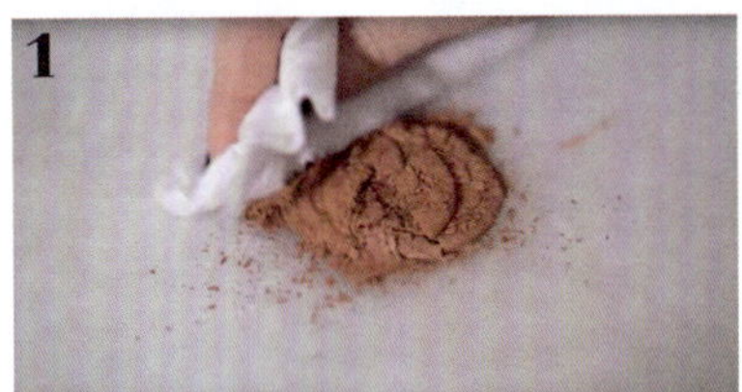

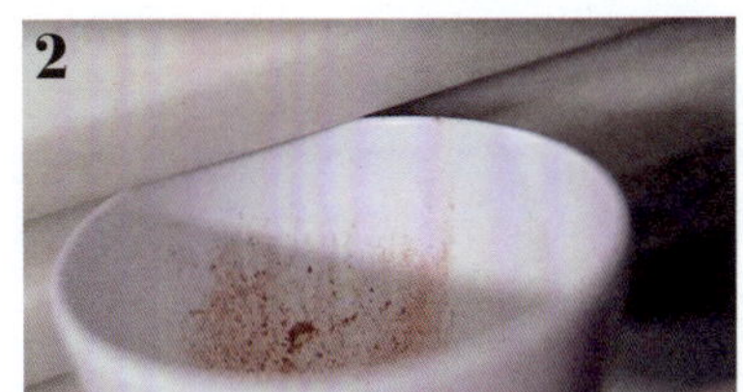

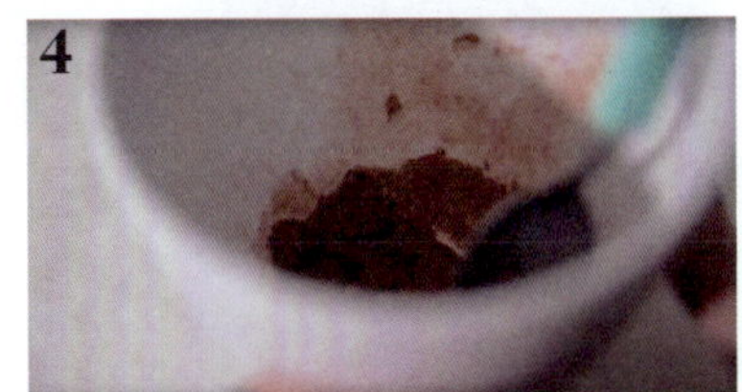

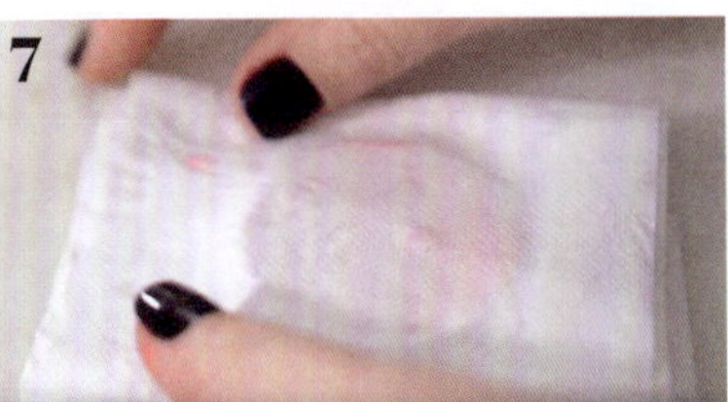

A casa é um universo que fascina: se pensarmos bem, tudo acontece em uma casa. Nascimentos, festas, conversas sobre a vida, ensinamentos do cotidiano. É a partir da casa que a vida pulsa. Eu comecei escrevendo sobre a casa, minha primeira paixão, e este amor só cresceu e se expandiu com o passar dos anos. As dicas domésticas, para mim, também nasceram a partir da casa – e é lindo e muito simbólico colocá-las aqui, dividindo um pouco desse amor pela casa com vocês. Comecei registrando uma dica aqui, outra ali, e agora... olha o livro que temos em mãos! Que alegria! Você me acompanha em mais estas dicas correndo o risco de nos apaixonarmos ainda mais por este universo?

TRUQUES DO DIA A DIA

ACENDER VELAS

Você não precisa ter medo de queimar suas mãos ao acender uma vela mais complicada ou que esteja em um castiçal de difícil acesso.

Para acender as velas sem queimar a mão ao usar copos ou suportes mais fundos, use um macarrão tipo espaguete para fazer este serviço.

TIRAR VELAS DERRETIDAS

A dica de ouro para tirar velas derretidas de suportes é colocar o suporte com a vela no freezer, por mais ou menos umas quatro horas. A baixa temperatura fará a cera da vela contrair, e ela se desprenderá do suporte sem nenhum trabalho.

MANCHA DE ÁGUA EM MADEIRA

Para mancha de água na madeira, eu uso a dica que minha mãe me ensinou: esfregue muito de leve uma palha de aço sobre a mancha até que ela suma por completo. Depois, passe uma leve camada de cera em pasta incolor que a mancha já era.

RISCOS EM MADEIRA

Para riscos na madeira, a solução está em uma noz.

Esfregue a noz sobre o risco e você verá que ele desaparecerá como mágica, pode confiar. A noz solta certos óleos que ficam impregnados na madeira, restaurando sua cor.

MANCHA DE ACETONA EM MADEIRA

Para tirar manchas de acetona em madeira, faça uma solução com

- 100 ml de óleo de linhaça
- 100 ml de terebintina
- 100 ml de vinagre branco de álcool

Adicione o vinagre e o óleo, bata ou misture até formar um creme branco. Em seguida, despeje a terebintina e torne a bater ou misturar. Guarde em um frasco com gatilho ou bico spray.

Quando for usar, agite bem o frasco. Raspe o local da mancha com uma palha de aço, no sentido dos veios da madeira. Depois, borrife a loção preparada em um pano e a espalhe em todo o móvel. Espere secar e lustre.

Tanto a terebintina quanto o óleo de linhaça você encontra em papelarias ou lojas de produtos para artesanatos.

POR FLÁVIA FERRARI

veja aqui o passo a passo

PENDURAR QUADROS

Antes de colocar um prego na parede, coloque um pedaço de fita crepe no local onde pretende dar as tais marteladas. Isso vai evitar que o reboco desfaça no meio do seu trabalho.

Se colocou o prego no lugar errado e quer retirá-lo, coloque um elástico no seu martelo para não deixar marcas em sua parede. Coloque uma quantidade generosa de pasta de dente nos locais dos ganchos. Depois é só pressionar o quadro contra a parede que a pasta de dente mostrará onde devem ser feitos os furos.

DESEMPERRAR GAVETA

Use uma vela convencional, daquelas brancas simples, para resolver a questão da gaveta emperrada. Deslize a vela nas extremidades da gaveta, lubrificando o local por onde ela corre. É certeiro.

AMOLAR TESOURAS

Para tesouras de uso geral, mais simples, a afiação pode ser feita em casa, usando uma destas dicas:

Com papel-alumínio – Pegue uma folha de papel-alumínio e corte-a com a sua tesoura cega. O atrito entre as lâminas da tesoura e o metal do papel fará com que o corte da tesoura volte.

Com um copo ou uma garrafa de vidro – O princípio é o mesmo: fazer com que o corte da tesoura volte pelo atrito entre as lâminas e o vidro. É só fazer o movimento de corte para depois ter a sua tesoura nova em folha.

TAPAR BURACOS NA PAREDE

Pegue um giz branco escolar e molhe-o bem. Passe sobre o buraco forçando um pouco para que ele penetre. Espere secar e pronto. Tem gente que usa sabonete derretido ou pasta de dente para isso, mas eu gosto do giz por ele ter gesso em sua composição e deixar um aspecto final mais uniforme.

PARA A PORTA NÃO TRAVAR

Para facilitar o vaivém entre um ambiente e outro com as mãos ocupadas, seu melhor amigo é: um elástico. Sim, pode ser um elástico simples, daqueles de látex. Coloque o elástico entre as duas partes da maçaneta, pressionando a lingueta da fechadura. Mesmo que a força não seja suficiente para fazer com que a lingueta fique completamente recolhida, este truque vai impedir que a porta trave, facilitando as suas idas e vindas com apenas um toque simples na porta.

ADUBANDO

Bata as cascas e restos de frutas e legumes com água **no liquidificador**, coe e regue

as plantas com este caldo nutritivo. Vale também colocar cascas de ovo trituradas e a água onde se cozinhou o macarrão (desde que não esteja salgada nem quente). Nada se perde!

ARRANJO PROFISSIONAL

A dica para montar um arranjo lindo como de profissionais é esta: fita adesiva. Monte uma tela com a fita adesiva na boca do vaso e encaixe as flores nesses orifícios. Esta dica vai garantir que o vaso fique completo, lindo e com arranjo final mais estável. Se tiver mais de um tipo de flor, comece encaixando as maiores e depois as menores. Quando vir que ele está bem completo, está na hora de parar e colocar essas flores lindas para decorar sua casa.

FLORES DE CORTE DURANDO MAIS

A primeira coisa a se fazer quando se ganha ou compra flores é **colocá--las na água**. Na hora de tirá-las do buquê e colocá--las em um vaso, devemos prestar atenção em alguns passos muito simples que vão garantir uma maior durabilidade.

Corte as hastes da flor, uma de cada vez. Esse corte deve ser diagonal, para aumentar a área de absorção de água, e ser feito de preferência sob uma torneira aberta. Assim que cortar, coloque a flor rapidamente na água para minimizar a entrada de ar

em seu caule. Preencha o vaso com, no máximo, 1/3 da sua capacidade total. Quanto mais o caule das flores tem contato com a água, mais facilmente ele apodrece.

POR FLÁVIA FERRARI

Como dica de ouro, pingue 3 gotas de água sanitária ou daquela solução pronta para higienizar verduras na água do arranjo. Isso evita a proliferação de bactérias e garante uma maior durabilidade. Troque a água do vaso a cada dois dias e o lave.

REGAR PLANTAS ENQUANTO VIAJAMOS

Crave uma **garrafa cheia de água na base do vaso** para

que a terra do mesmo, pouco a pouco, vá absorvendo a água e nutrindo a planta gradativamente. Caso vá usar uma garrafa pet, é importante fazer um furo pequeno em sua base para evitar vácuo no interior da mesma.

Para vasos maiores, vale usar um par de garrafas para dar conta da rega.

E para vasos menores, vale encher a cuba da pia da cozinha ou do banheiro com água e deixá-la coberta. Molhe um pano de prato e dobre-o ao meio. Coloque agora metade do pano de prato na água e a outra metade sobre a pia, com **o vaso apoiado em cima do pano**. O pano estando

o tempo todo úmido vai enviar a mesma umidade para sua plantinha, pela base do vaso.

LIMPAR VASO DE FLORES

Os vasos mais bonitos são, em geral, aqueles com formatos mais diferentes. A gente se encanta pela estética e esquece que flores frescas geralmente deixam marcas nos vasos de vidro; se o vaso tem um formato diferentão, a coisa fica ainda pior. A solução de limpeza é fácil: encha o vaso com água e acrescente **1 pastilha efervescente antiácida**. Quando acabar

a efervescência, todos os depósitos minerais das flores terão desaparecido.

POR FLÁVIA FERRARI

SOCORRO,

Meu cachorro faz xixi no lugar inadequado. Hà alguma solução caseira para me ajudar a educà-lo?

É sempre importante educar nossos cães para que eles saibam o que podem ou não fazer, a fim de que a relação entre o animal e seu dono seja a mais tranquila possível. Esta receita de repelente de xixi de cachorro delimita bem o espaço no qual o animal pode ou não fazer suas necessidades. É uma ótima ferramenta de educação.

Você vai precisar de

- 500 ml de álcool
- 1 pastilha de cânfora
- 50 ml de essência de citronela

O modo de fazer é muito simples: dissolva a pastilha de cânfora no álcool e depois adicione a essência de citronela misturando bem. Transfira tudo para um frasco com borrifador e aplique nos locais onde seu cãozinho costuma fazer xixi. Ou melhor, onde ele *costumava* fazer xixi.

Preciso higienizar meus fones de ouvido?

Sim! São três passos bem simples:

1. Desconecte os fones de qualquer aparelho.

2. Se seus fones de ouvido possuem proteção de silicone, a primeira coisa a fazer é retirá-las e colocá-las de molho em uma mistura de água morna e detergente neutro. Pode limpar toda a superfície com a ajuda de um cotonete. Deixe secar bem antes de recolocá-la.

3. Para o corpo do fone, comece a limpeza retirando delicadamente toda a cera dos fones com a ajuda de uma escova de dente. Em seguida, passe um cotonete embebido em álcool por todo o aparelho. Para limpar os fios, use um algodão também embebido em álcool.

Flávia!

Passei um perfume estragado e o cheiro não sai da minha pele. O que eu faço?

Um perfume muda de aroma ou "estraga", como falamos popularmente por aí, por causa da oxidação dos seus componentes. A melhor forma de conservar seus perfumes com o aroma original é protegendo-os da luminosidade, umidade e do oxigênio da maneira mais simples possível: mantendo-os tampados, dentro da caixa original e fora do banheiro.

A solução para tirar aquele cheiro de perfume que grudou em nossa pele e não está combinando nem um pouco é café.

Passe um pouco de café em pó nos pulsos ou onde mais estiver com o aroma inadequado do perfume e em seguida lave com água e sabão.

Simples! É só usar agora um perfume de que você goste.

Como tirar cheiro de cigarro das roupas?

Para tirar o cheiro de cigarro, primeiro, o ideal é deixar a peça ventilar um pouco. Então, se você chegou em casa à noite, pendure a peça na lavanderia para que ela ventile o suficiente antes de tratarmos o odor. O segredo para tirar o cheiro de cigarro de uma peça é deixá-la exposta ao vapor de água. Pode ser o vapor do chuveiro, de uma banheira ou do calor do ferro de passar. Faça assim: umedeça uma toalha e posicione-a sobre a peça a ser tratada. Passe o ferro de passar com a temperatura máxima sobre a toalha. O vapor gerado pelo ferro dissolve o alcatrão impregnado no tecido e a toalha úmida absorve as partículas malcheirosas de cigarro. Se quiser potencializar esse truque, umedeça a toalha com uma mistura de água e vinagre em mesma proporção.

Le parfum

AS ARMAS

SECRETAS

os curingas
das dicas

Depois de tantas dicas domésticas, tem gente que me chama por aí de Rainha do Bicarbonato. Eu acho graça, mas é uma brincadeira com fundo de verdade. O bicarbonato de sódio é um grande aliado na tarefa de descomplicar o nosso dia a dia. É um produto barato e multifuncional – o importante é saber como usá-lo para extrair o melhor dele. Mas não é só de bicarbonato que se faz a mágica das dicas. O vinagre e o limão também são armas poderosas e versáteis, e por esse motivo merecem um destaque por aqui. Este trio maravilha nos salva nas mais variadas situações. Aceita um conselho meu agora? Confie neles sem pestanejar.

POR FLÁVIA FERRARI

Quando usar bicarbonato de sódio, vinagre ou limão?

Quando a gente tem aulas de química na escola, elas parecem tão distantes da nossa realidade que a gente nem imagina que é nelas que vamos encontrar a resposta de onde usar o bicarbonato, o vinagre ou o limão. Sabe por quê? Porque tudo é uma questão de pH.

Se analisarmos os produtos que usamos para lavar pratos, pisos e roupas, o pH ajuda a determinar o modo mais eficiente para remover a sujeira e as manchas. Veja a página ao lado.

E uma última lembrança: sempre pense que, quando formos fazer uma limpeza, é importante começarmos do produto mais fraco para o mais forte.

Ficou mais claro? Vamos conferir o uso de cada um desses curingas das dicas.

A ESCALA DO pH

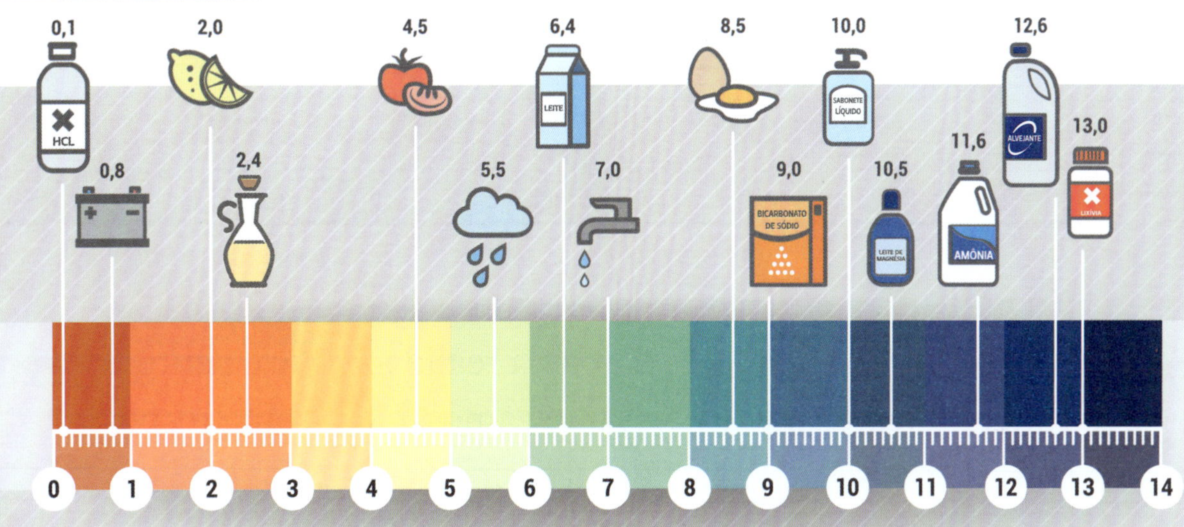

ÁCIDO — **NEUTRO** — **ALCALINO**

Nesta ponta, temos os ácidos, que são ótimos para dissolver cálcio, minerais incrustrados e partículas inorgânicas em geral. Este é o caso do vinagre, um ácido que tem pH em torno de 3. No suco de limão, essa acidez chega a um pH de 2 a 3, em média.

Detergentes "neutros" têm pH em torno de 7 e não agridem a nossa pele; também são ideais para tratar superfícies de pedras, que podem ser agredidas por produtos alcalinos ou ácidos.

Limpadores multiuso, sabões de lavanderia e detergentes de louça são alcalinos, ou seja, têm o pH maior que 7. Soluções alcalinas são mais eficientes para lidar com gordura, proteínas e outras sujeiras comuns no nosso dia a dia. E este é o caso do bicarbonato de sódio, um produto alcalino que tem um pH em torno de 9.

O bicarbonato também tem uma propriedade abrasiva fina, que esfrega sem riscar superfícies; por isso ele é muito utilizado para limpeza puro ou em pasta.

BICARBONATO DE SÓDIO

Depois que você conhece as maravilhas que um pequeno pacote de bicarbonato de sódio pode fazer por você, fica difícil viver sem ele. Este produto é facilmente encontrado em supermercados, na seção de temperos, porque tem um uso culinário bem conhecido – em muitas receitas, substitui o fermento e deixa fofinhos pães e bolos. Mas ele vai além. Tira cheiros, manchas, simplifica a limpeza que antes era puro esfrega-esfrega – acredito que, depois de saber de todas essas qualidades, seja difícil viver sem ele. Para comprar bicarbonato em grande quantidade, procure um mercadão de sua cidade ou um centro atacadista.

POR FLÁVIA FERRARI

LIMPAR ESCOVA DE CABELO

O segredo da limpeza é dividi-lo em dois atos. Diariamente, tire os cabelos presos entre as cerdas da escova com o auxílio de um pente. E uma vez ao mês, pelo menos, capriche. Limpe entre as cerdas com uma escova de dente antiga usando a seguinte solução de limpeza: em 1 xícara de água, misture 1 colher de chá de xampu neutro e 1 colher de chá de bicarbonato de sódio.

Vale também colocar umas gotinhas de óleos essenciais se você gostar. Aplique na base da escova, limpando-a bem. Quando você ver que a escova está bem limpa, enxágue--a e deixe-a secar com as cerdas apoiadas em uma toalha durante a noite.

DEIXAR OS ROUPEIROS/ ARMÁRIOS PERFUMADOS

Para manter a roupa de cama guardada sempre com aquele cheirinho de limpeza, deixe um pote com bicarbonato de sódio e algumas gotas de óleos essenciais em seu roupeiro. Muito simples, barato e eficiente.

LIMPAR MANCHAS AMARRONZADAS DAS LOUÇAS

Louças utilizadas há um tempo tendem a ficar com manchas amarronzadas. Para resolver essa situação, faça uma pasta com um pouco de bicarbonato de sódio e água, aplique sobre a mancha, deixe agir por 5 minutos e depois esfregue suavemente. O poder abrasivo fino do bicarbonato de sódio fará o trabalho por você.

LIMPAR GARRAFA TÉRMICA

O bicarbonato de sódio deixa alcalino o pH da água que vamos utilizar para limpar o interior da garrafa, fazendo com que as manchas de café se desfaçam naturalmente. A forma para fazer a limpeza é esta: insira 2 colheres de sopa de bicarbonato de sódio e água quente dentro da garrafa. Deixe agir por 12 horas, retire o conteúdo e enxague. Limpe externamente com pano úmido e detergente neutro. Vale também fazer uma pasta de bicarbonato e água e deixar agir nas manchas que ficam na boca e na tampa da garrafa térmica. É legal repetir essa lavagem uma vez por semana ou após o uso de café ou leite.

Se a sua garrafa térmica tem aquela "bomba" que puxa o líquido dela, na hora da limpeza vale fechar a garrafa, bombear a solução para dentro do sistema e deixar agir pelo mesmo tempo.

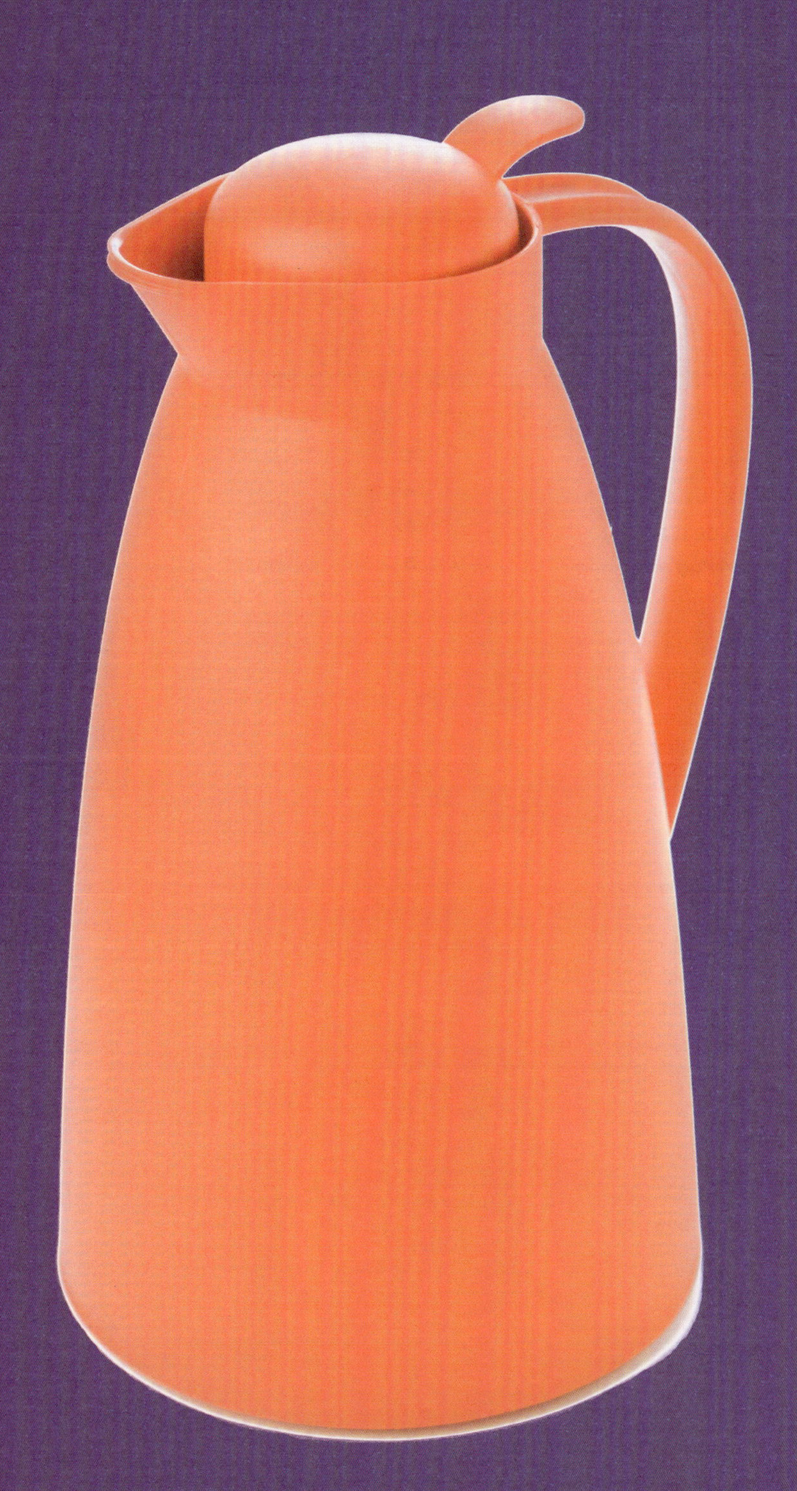

TIRAR MANCHAS DE SUOR

Em um litro de água, coloque 5 colheres de sopa de bicarbonato de sódio e deixe a peça de molho meia hora. Depois, lave normalmente. Essa solução funciona muito bem para manchas recentes. Para manchas mais difíceis, confira as dicas da pág. 49.

POLIR PRATA SEM ESFREGAR

Esta limpeza da prata sem esfregar é muito eficiente e rápida, principalmente para peças pequenas. Para fazê-la, você precisará forrar uma vasilha com papel-alumínio. Nela, coloque a peça que será limpa, com bicarbonato de sódio suficiente para cobri-la. Coloque também um pouco de sal, pois ele será responsável para que a limpeza ocorra de um modo mais rápido. Depois é só colocar água fervente nessa vasilha, tampar com papel-alumínio e deixar agir por 10 minutos. Quando você abrir, a peça estará limpa.

Para peças muito sujas ou sem manutenção há muito tempo, pode ser necessário repetir o processo mais de uma vez.

Para fazer com que as peças de prata fiquem limpas por mais tempo, você pode guardá-las com alguns pedaços de giz escolar.

DESENTUPIR PIA

Se a sua pia está entupida, a hora é de um tratamento de choque. Vamos apelar para uma reação química eficiente. Despeje na pia primeiro 1 xícara de café de bicarbonato de sódio e depois 1 xícara de vinagre e deixe agir por 5 minutos. Você até poderá ouvir o barulho da reação entre eles, que gera muitas bolhas responsáveis por ajudar no desentupimento.

Depois disso, jogue água quente e confira se a sua pia desentupiu.

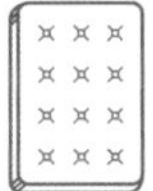

LIMPAR COLCHÃO

Quando fizer a rotação do colchão, faça uma limpeza mais profunda para retirar manchas e poeira. Polvilhe bicarbonato de sódio na superfície do colchão e deixe agir por 30-45 minutos. Esfregue o colchão com uma escova de cerdas macias, principalmente nas manchas, deixe agir por mais 10 minutos e depois aspire com o acessório de estofados do seu aspirador.

Aspire também o estrado da cama ou os suportes de cama box para ficar com tudo em ordem.

VINAGRE

O vinagre é o vinho estragado?

Ele vai muito além dessa definição de algo que estragou e virou produto de "segunda categoria". Aliás, vai muito além de ser um tempero para sua salada. O vinagre é um produto barato e muito fácil de encontrar – aqui em casa temos sempre preparada a solução de limpeza multiuso, que mistura partes iguais de água e vinagre, pronta para nos socorrer. Porque vinagre é algo que facilita e muito a nossa vida.

Dica extra: depois de aberto, guarde o vinagre em geladeira para minimizar a contaminação microbiológica.

POR FLÁVIA FERRARI

TIRAR MANCHAS DE SUOR

Em um litro de água morna, misture 3 colheres de chá de vinagre branco e deixe de molho por 10 minutos. Para manchas mais difíceis, confira as dicas da pág. 49.

MOFO EM COURO

Passe um pano seco e limpo em toda a peça, em seguida, esfregue delicadamente uma solução de água com vinagre de maçã ou vinagre de álcool branco. Deixe secar à sombra por horas. Depois, para hidratar, passe óleo de amêndoas ou vaselina líquida. Deixe agir por 15 minutos e depois retire o excesso com um pano limpo.

Olho vivo! Não utilize vinagre colorido, com certeza manchará sua roupa.

Quando a peça estiver muito suja ou com mancha profunda, procure uma lavanderia especializada em couros.

LIMPAR MICRO-ONDAS

Encha uma refratária pequena de louça ou vidro com água e junte uma colher (sopa) de vinagre. Coloque o recipiente com água e vinagre no micro-ondas na potência máxima por 5 minutos. Deixe descansar por mais ou menos 3 minutos.

TIRAR CHEIRO DE ARMÁRIO

Deixe uma vasilha com vinagre branco por 24 horas dentro do móvel fechado. O vinagre vai capturar completamente o mau cheiro.

Finalize limpando as paredes do móvel com o mesmo vinagre utilizado e deixe-o aberto até o cheiro do vinagre sair. Depois, pode usar o móvel sem medo e colocar logo a sua casa em ordem.

TIRAR CHEIRO DE MALA

As malas guardadas por muito tempo no armário geralmente ficam com aquele cheiro de mofo. Para deixá-las prontas para viajar, é preciso livrar-se desse cheiro ruim com alguns cuidados simples:

1. Inspecione a mala por dentro e por fora, para verificar se há algum foco de mofo.

2. Escove o mofo seco com uma escova de cerdas macias – em um ambiente externo ou sobre uma lata de lixo. Aspire o interior da mala para remover a sujeira, poeira e detritos.

3. Lave as áreas afetadas pelo mofo com água morna e sabão; use uma esponja para remover a mancha residual. Desinfete a área com uma solução mágica: 1 copo de água com 2 colheres de sopa de álcool e 2 colheres de sopa de vinagre. Coloque em um borrifador e aplique sobre a área. Deixe agir por 15 minutos.

4. Deixe a mala secar. O sol não é o mais recomendado porque pode desbotar e diminuir a durabilidade da sua mala.

POR FLÁVIA FERRARI

LIMPAR TELA DE CELULAR/NOTEBOOK E TABLET

O que fazer

1

Faça uma mistura de partes iguais de água destilada e vinagre branco para tirar as sujeiras mais difíceis desses tipos de tela.

2

Use um pano macio e quase seco com essa solução e faça a limpeza com movimentos retos.

O que não fazer

3

Não faça sua limpeza com o aparelho conectado à tomada e, se possível, remova a bateria. Também desconecte fones e carregadores no caso de celulares. Nunca pressione a tela com força ao limpá-la.

4

Não use produtos químicos como removedor, sapólio líquido ou detergente multiuso. Eles não foram feitos para esses aparelhos.

1

2

3

4

LIMÃO

O limão é uma fruta tão incorporada no nosso cotidiano que podemos quase chamá-lo de amigo de todas as horas. É tempero, ingrediente principal de sucos e drinques e grande aliado na limpeza doméstica. Por ser tão versátil e perfumado, o limão mais do que merecia uma seção especial neste livro. Porque se a vida nos dá limões, fazemos um monte de coisas incríveis com eles – inclusive limonada!

POR FLÁVIA FERRARI

1 COMO ESCOLHER O LIMÃO
Tem limão cravo, limão galego, limão tahiti, limão siciliano. Limão para todos os gostos.

Mas, em geral, limão que tem mais suco é aquele que tem a casca fina, independente da espécie. Por isso, olho vivo na hora de comprar – principalmente porque o limão, como todos os cítricos, não amadurece depois que foi colhido.

2 LIMPAR MICRO-ONDAS
Corte um limão ao meio e coloque as metades viradas para baixo em um prato de sobremesa com 1 colher (sopa) de água. Ligue o micro-ondas na potência máxima por 1 minuto, deixe os vapores agirem por 5 minutos e depois passe um pano seco limpo ou papel toalha nas sujeiras, que já estarão amolecidas e fáceis de retirar.

3 LIMPAR PANELAS DE INOX
Para tirar manchas que ficam dentro de panelas de inox, o truque é muito simples: esprema o suco de um limão no interior da panela e deixe agir por 15 minutos. Você verá as manchas desaparecerem rapidinho. Depois é só lavar a panela normalmente com seu detergente preferido e colocá-la em uso normalmente.

4 LIMPAR TÁBUA DE CORTE
Salpique sal (pode ser fino ou grosso) e esfregue a metade cortada do limão, espremendo de quando em quando. Depois é só limpar. O limão deixará um perfume agradável e livrará a tábua da gordura e dos odores desagradáveis.

5 SÓ ALGUMAS GOTINHAS
Se você for usar só algumas gotas de limão em sua receita, não precisa partir o limão ao meio e depois ficar com meia fruta seca rolando em sua geladeira. Anota esta dica esperta.

Com um palito de dentes ou de churrasco, fure a casca do limão e use este furo para extrair o sumo necessário. Depois do uso, é só fechar o buraco com um pedaço de fita adesiva.

6 PARA TIRAR MAIS SUCO DO LIMÃO
O truque para conseguir extrair mais suco dessa fruta é colocá-la por 10 segundos no micro-ondas. Você vai ver a diferença na extração do suco – fica muito mais fácil. Só tome cuidado para não se queimar.

1

2

3

4

5

6

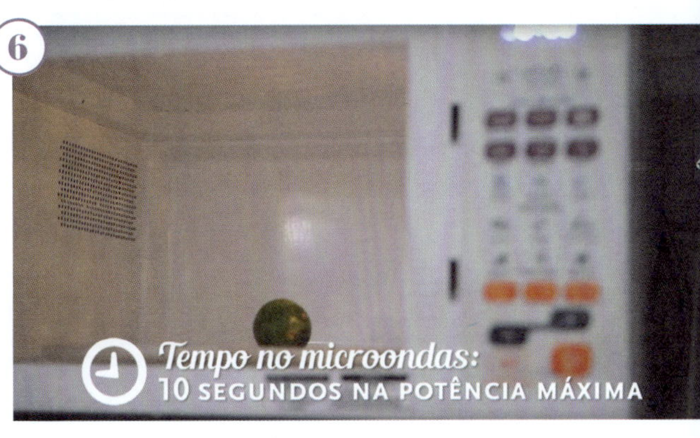

MEUS PRODUTOS FAVORITOS *para fazer em casa*

NÃO ADIANTA NEGAR.

SEMPRE TEMOS OS NOSSOS PREFERIDOS.

ESTA É A LISTINHA DE PRODUTOS CASEIROS QUE EU SEMPRE TENHO EM CASA, À MÃO PARA ME SALVAR DAS MAIS VARIADAS SITUAÇÕES – *eu não vivo sem eles.*

POR FLÁVIA FERRARI

Água de lençóis

Adoro a sensação de cama perfumada – para mim é garantia de uma ótima noite de sono. Para fazer esta água de lençóis para presentear ou perfumar a sua casa, você vai precisar de:

INGREDIENTES*

- 700 ml de água desmineralizada
- 200 ml de álcool de cereais
- 100 ml de essência de lavanda

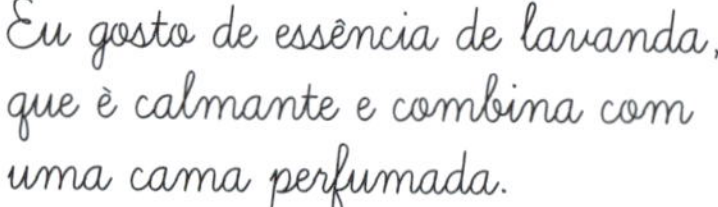

MODO DE PREPARO

Misture a água, o álcool e a essência em uma vasilha. O frasco vai aquecer um pouco durante a mistura, mas isso é normal. Se quiser, coloque algumas gotas de corante alimentício.

Transfira o líquido para o frasco com borrifador e pronto. A água de lençóis também pode ser utilizada na hora de passar os nossos lençóis ou para presentear.

* Todos esses ingredientes você encontra em casas de produtos para perfumaria, alguns na internet. Procure se informar na sua região.

Aromatizador de ambientes

Todo mundo também gosta de uma casa perfumada, não é mesmo?

A receita de aromatizador de ambientes é especial e um pouco diferente da receita de água de lençóis, olha só:

INGREDIENTES

- 100 ml de água desmineralizada
- 750 ml de álcool de cereais
- 100 ml de essência de sua preferência
- 30 ml de fixador

MODO DE PREPARO

Comece misturando a água e o álcool (lembre-se de que o frasco vai aquecer um pouco como resultado da combinação entre esses produtos). Coloque a essência e o fixador e misture novamente.

Por último, se quiser, pingue algumas gotas de corante alimentício no aromatizador para deixá-lo colorido.

Você pode transferir essa mistura para um frasco plástico ou de vidro com borrifador, ou até mesmo para um frasco com uma boca larga para colocar varetas de madeira a fim de difundir o perfume.

Essas varetas podem ser feitas com palitos de churrasco – basta cortar a ponta.

POR FLÁVIA FERRARI

Lenços umedecidos de limpeza

Lenços umedecidos de limpeza são verdadeiros curingas na manutenção de uma casa e há várias sugestões de receitas para fazê-los. Independente da sua receita escolhida, para qualquer uma delas você irá precisar de:

MATERIAL DE BASE

- Um rolo de papel toalha com folhas firmes e resistentes
- Um pote com tampa
- Solução de limpeza

INGREDIENTES DA SOLUÇÃO

- Uma solução de desinfetante industrializado e água (125 ml de desinfetante industrializado e 500 ml de água)

- Uma solução de partes iguais de vinagre branco e água (375 ml de vinagre e 375 ml de água)

- Uma solução de água, álcool e detergente (300ml de água, 50ml de álcool e 4 gotas de detergente)

MODO DE PREPARO

Corte o rolo de papel toalha ao meio, de modo que ele caiba no interior do pote tampado. Você pode usar uma faca grande e serrilhada para realizar essa tarefa.

Acomode o rolo de papel toalha dentro do pote.

Escolha sua receita de solução de limpeza preferida e derrame sobre o rolo de papel toalha.

Tampe o pote e deixe que ela encharque todas as folhas do rolo (pernoitar).

Após esse período, retire o tubo de papelão (marrom) do interior do rolo de papel toalha e puxe os lenços, um por um, pelo meio do rolo.

Tampe bem o pote para não ressecá-los.

Misturinha para manter as roupas frescas

Não é toda roupa que a gente usa que está supersuja e deve ir direto para o cesto da lavanderia, não é verdade? Muitas vezes utilizamos algum item de vestuário por um curto período durante o dia que não justifica uma lavagem. A solução para isso é a misturinha caseira para refrescar roupas, praticamente uma lavagem a seco em casa.

INGREDIENTES

- 2 colheres de sopa de bicarbonato de sódio
- 500 ml de água filtrada, morna
- 2 colheres de sopa de amaciante

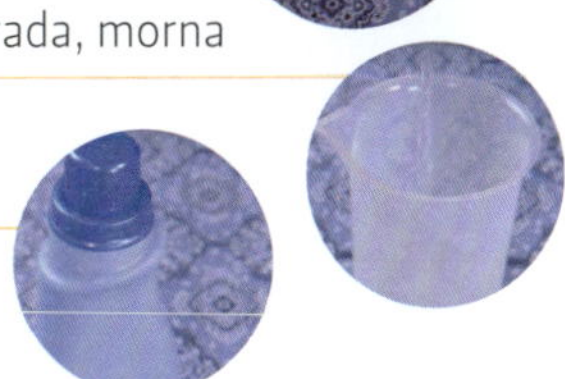

MODO DE PREPARO

Coloque num frasco com borrifador apenas o bicarbonato e a água e agite. Acrescente então o amaciante.

Torne a agitar para misturar tudo.

Aplique na peça e deixe-a arejar durante a noite. O bicarbonato de sódio vai higienizá-la e o amaciante vai deixá-la perfumada novamente, pronta para voltar ao armário.

POR FLÁVIA FERRARI

Pastilha para banheiro

A pastilha desodorante para banheiro é um sucesso! Ela perfuma e limpa o seu vaso sanitário sem esforço. É supersimples:

INGREDIENTES

1. 1 xícara de bicarbonato de sódio
2. 1/4 de xícara de ácido cítrico (*fácil de encontrar em lojas de artigos para confeitaria*)
3. 1 colher de sopa de vinagre
4. Óleo essencial de sua preferência
5. Formas de silicone ou plástico

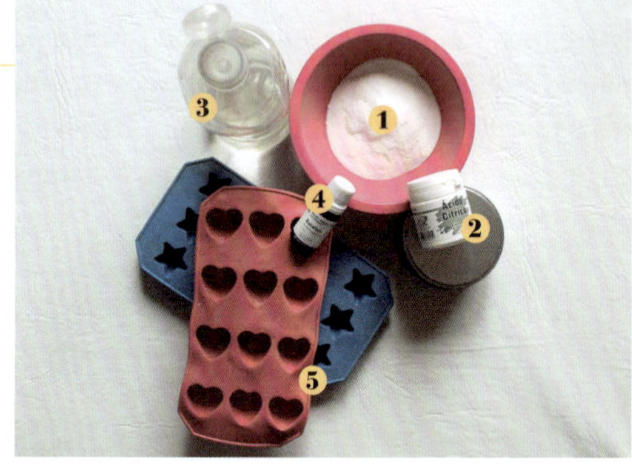

MODO DE PREPARO

Coloque o bicarbonato de sódio em uma vasilha e misture o ácido cítrico.

Adicione o vinagre gota a gota a essa mistura – e este é o segredo –, pois eles começam a reagir e borbulhar.

Misture bem até conseguir uma consistência pastosa.

Adicione o óleo essencial gota a gota para acertar o perfume.

Transfira a mistura para as formas de silicone com ajuda de uma faca ou espátula, fazendo pressão. Deixe secar por no mínimo 4 horas antes de desmoldar – o ideal é deixar secando por 12 horas.

Depois de seco, é só usar em seu vaso sanitário, colocando na água da bacia quando achar necessário.

Misturinha para desamassar roupas

Esta mistura serve tanto para desamassar as roupas quanto como facilitador na hora de passar, um "passe bem DIY". Ou seja, mais um produto 2 em 1 que podemos fazer num piscar de olhos.

Para fazer este removedor de rugas das roupas, você vai precisar de:

INGREDIENTES

- 1/4 de xícara de vinagre
- 1/4 de xícara de água
- 3 colheres de sopa de amaciante

Se o amaciante for concentrado, basta um pouco menos que uma colher.

MODO DE PREPARO

Coloque tudo em um frasco com spray e agite bem, misturando tudo. O amaciante será responsável por neutralizar o odor do vinagre.

Borrife em suas roupas e suavize as rugas facilmente. Lembre-se de agitar bem antes de cada uso.

POR FLÁVIA FERRARI

Limpador de óculos de sol e grau

Lentes dos óculos sempre limpas para enxergarmos bem, essa é a regra. Eu uso tanto óculos de sol quanto de grau – a miopia é minha companheira há anos – e carrego esta solução salvadora sempre em minha bolsa, em um frasco pequeno com borrifador para manter limpas as lentes dos meus óculos em qualquer lugar.

INGREDIENTES

- 3 colheres de sopa de água desmineralizada ou água fervida
- 1 colher de café de detergente neutro para louças

MODO DE PREPARO

Misture.

Coloque num frasco com borrifador. Aplique e enxugue com um lenço de papel.

Limpador de pincéis express

Opa! Não vale estragar a maquiagem por causa de um pincel sujo. Uma maquiagem perfeita começa com pincéis limpos e bem-cuidados. A cada 15/30 dias vale fazer uma limpeza profunda. Mas o ideal é fazer uma limpeza express a cada dois dias com esta receita de limpador de pincéis perfeita que leva:

INGREDIENTES

- 250 ml de água filtrada ou desmineralizada
- 60 ml de álcool 70
- 1/2 colher de sopa de detergente
- 1/2 colher de sopa de xampu neutro
- 1 colher de café de condicionador tipo "leave in" líquido ou em creme

MODO DE PREPARO

Misture todos os ingredientes até estarem dissolvidos e transfira para uma embalagem limpa, com uma bomba de sabonete ou borrifador.

Para utilizar, é só molhar as cerdas nesse limpador, esfregar de trás pra frente numa toalhinha de papel até sair toda a sujeira e depois deixar seu pincel limpinho secar, deitado sobre uma toalha.

POR FLÁVIA FERRARI

Escalda pés revigorante

E depois de cuidar tão bem da nossa casa e das nossas coisas, nada mais merecido do que um momento de relaxamento total. Minha dica é fazer um escalda pés bem caprichado, com uma música ambiente e velas. Porque cuidar de nós mesmos é o melhor investimento que podemos fazer.

Nos nossos pés a gente tem um mapa de todo o nosso corpo, então quando a gente toca os pés, os massageia, é como se a gente estivesse massageando todo o corpo. Por isso essa prática é tão relaxante e eficaz contra o estresse.

INGREDIENTES

MODO DE PREPARO

Para montar o escalda pés, começamos pelo sal grosso, porque ele equilibra, traz aquela sensação de leveza. O sal contribui para drenar o excesso de líquidos e reduzir o inchaço.

Depois a lavanda, que é antisséptica e calmante, e o hortelã. Misture um pouco, já pensando no seu relaxamento, no seu bem-estar.

Por cima deste preparo, o segredo final: pedrinhas ou bolinhas de gude que vão massagear os nossos pés na hora do escalda pés. É só pressioná-los sobre elas e relaxar.

Coloque a água quente e adicione 5 gotinhas de óleo essencial de hortelã, que tem como propriedade o relaxamento da musculatura.

Agora é só aproveitar!

Na hora de finalizar, aproveite para massagear seus pés com a própria toalha.

Outra alternativa fácil e eficiente para o preparo do escalda pés é também uma mistura de sal grosso e vinagre de maçã na bacia de água morna. A acidez do vinagre restaura o equilíbrio do pH das unhas e é excelente para a pele.
Sinta-se uma nova pessoa!

calendário DA CASA

E agora você me pergunta:

depois de tantas dicas, por onde eu começo?

Para responder a essa dúvida, temos o nosso calendário da casa. Ele vai pegar você pela mão e mostrar em detalhes como, quando e onde fazer cada tarefa, simplificando sua vida e espantando de uma vez por todas qualquer medo residual sobre o cuidar que possa ter restado.

POR FLÁVIA FERRARI

quarto

TODOS OS DIAS	UMA VEZ POR SEMANA	A CADA 15 DIAS
 Organizar a bagunça	 Trocar lençóis/ fronhas	 Limpar sobre as portas e guarnições
 Separar roupas para lavar/guardar	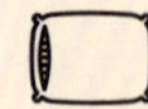 Afofar travesseiros	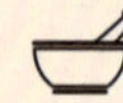 Limpar miudezas/ enfeites
 Deixar sapatos arejar/tratar mau odor	 Limpar quadros/ enfeites	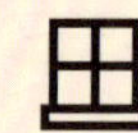 Limpar janelas
	 Limpar TV e demais eletrônicos	 Arejar os travesseiros (15 minutos)
	 Limpar cúpulas de abajur e lâmpadas	
	 Aspirar estofados	
	Aspirar/limpar assoalho	
	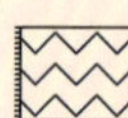 Bater os tapetes	

A CADA MÊS	A CADA 3 MESES	A CADA 6 MESES
 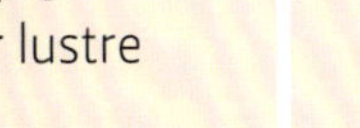 Limpar lustre	 Fazer o giro do colchão	 Lavar travesseiros
 Limpar ventiladores de teto/chão	  Aspirar estrado da cama/suporte box	 Lavar cortinas
 Limpar filtro do ar-condicionado	  Verificar papel de parede	 Colocar líquido desengripante nas dobradiças
 Limpar folhas das portas	 Trocar sachês de cravo das gavetas	 Fazer revisão do aparelho de ar-condicionado com um técnico
 Lavar proterores de colchão		 Dedetizar o cômodo
 Lavar capas de almofadas		 Lavar edredons/ cobertores

POR FLÁVIA FERRARI

Sala

TODOS OS DIAS	UMA VEZ POR SEMANA	A CADA 15 DIAS
 Organizar a bagunça	 Aspirar estofados de tecido (almofadas e base)	 Limpar sobre as portas e guarnições
 Colocar itens em seus lugares de origem	 Limpar estofados em couro (pano seco)	 Limpar miudezas/ enfeites
 Afofar almofadas	 Limpar quadros/ enfeites	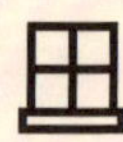 Limpar janelas
	 Limpar TV e demais eletrônicos	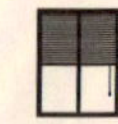 Limpar persianas
	 Limpar cúpulas de abajur e lâmpadas	
	 Aspirar/limpar assoalho	
	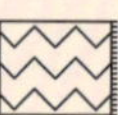 Bater os tapetes	
	 Descartar revistas/ jornais antigos	

A CADA MÊS	A CADA 3 MESES	A CADA 6 MESES
 Limpar lustre	 Verificar papel de parede	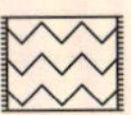 Limpar tapetes a seco (bicarbonato de sódio)
 Limpar ventiladores de teto/chão	 Limpar a unidade interna do ar-condicionado (evaporadora)	 Lavar cortinas
 Limpar filtro do ar-condicionado		 Colocar líquido desengripante nas dobradiças
 Limpar folhas das portas		 Fazer revisão do aparelho de ar-condicionado com um técnico
 Lavar capas de almofadas		 Dedetizar o cômodo

POR FLÁVIA FERRARI

cozinha

TODOS OS DIAS	UMA VEZ POR SEMANA	A CADA 15 DIAS
 Organizar a bagunça	 Lavar o escorredor de louça	 Limpar o forno
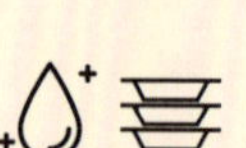 Lavar a louça	 Limpeza completa do fogão	 Limpar miudezas/ enfeites
 Desinfetar esponjas	 Desentupir queimadores	
 Limpar respingos nos balcões e eletrodomésticos	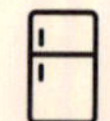 Rever alimentos na geladeira	
 Tirar o lixo	Limpar interior da geladeira	
	 Limpar paredes, portas e janelas	
	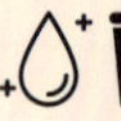 Lavar e desinfetar lixeira	
	 Limpar o chão	

A CADA MÊS	A CADA 3 MESES	A CADA 6 MESES
 Limpar lustre	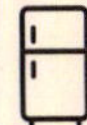 Trocar o pote de bicarbonato/carvão da geladeira	 Trocar filtro de água da purificadora
 Limpar paredes/ tirar riscos	 Manutenção da vela do filtro de barro	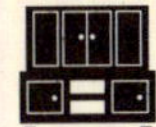 Limpar interior dos armários
 Avaliar alimentos congelados	 Limpar filtros e grades de coifas	 Colocar líquido desengripante nas dobradiças
 Limpar frente dos armários		 Aspirar a parte posterior da geladeira
 Limpar o interfone		Verificar as borrachas de vedação da geladeira
		 Degelar freezer/ refrigerador

POR FLÁVIA FERRARI

banheiro

TODOS OS DIAS	UMA VEZ POR SEMANA	A CADA 15 DIAS
 Organizar a bancada da pia	 Lavar o banheiro	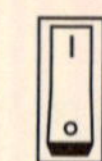 Limpar interruptores
 Limpar a pia	 Lavar o box	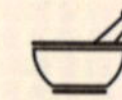 Limpar miudezas/ enfeites
 Recolher cabelos/ pelos do chão	 Limpar espelhos	
 Pendurar toalhas	  Desinfete a cuba e o gabinete da pia	
 Tirar o lixo		
 Esvaziar o roupeiro		
Ventilar após o banho		

A CADA MÊS	A CADA 3 MESES	A CADA 6 MESES
Limpar lustre		Limpar chuveiro
Limpar portas e guarnições		Verificar farmacinha
Retirar teias de aranha		Colocar líquido desengripante nas dobradiças
Limpar janelas		Verificar rejuntes
		Verificar válvulas de descarga e metais sanitários

POR FLÁVIA FERRARI

demais cômodos

TODOS OS DIAS	UMA VEZ POR SEMANA	A CADA 15 DIAS
Organizar o escritório	 Tirar pó de livros, revistas e caixas no escritório	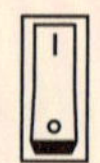 Limpar interruptores
Verificar a correspondência e descartar o que não é necessário	 Limpar o computador/ notebook	 Limpar miudezas/ enfeites
Tirar o lixo do lavabo	 Limpar telefone	
	 Limpar lavanderia	
	 Verificar produtos de lavanderia	
	 Limpar garagem/ quintal/ churrasqueira	

A CADA MÊS	A CADA 3 MESES	A CADA 6 MESES
 Limpar lustre	 Limpar prateleira de produtos da lavanderia	 Verificar calhas
 Limpar portas e guarnições	 Limpar eletrodomésticos e eletroportáteis a fundo	 Revisar o telhado
 Retirar teias de aranha		 Limpar a caixa d'água
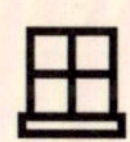 Limpar janelas		 Verificar rejuntes
		 Verificar válvulas de descarga e metais sanitários

POR FLÁVIA FERRARI

Cronograma

SEGUNDA	TERÇA	QUARTA
 TROCAR ROUPAS DE CAMA	 FAXINA COMPLETA NOS QUARTOS	 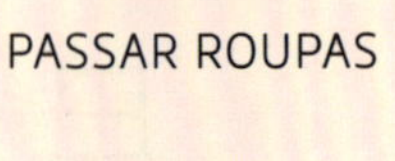 PASSAR ROUPAS
 TROCAR TOALHAS DE BANHO	 COMPRAR ALIMENTOS FRESCOS PARA A SEMANA	 ORGANIZAR ROUPAS NOS ARMÁRIOS
 LAVAR BANHEIRO		

*semanal**

QUINTA	SEXTA	SÁBADO
FAXINA NA SALA FAXINA NO ESCRITÓRIO	FAXINA NA COZINHA	PLANEJAR O MENU DA SEMANA

* SUGESTÃO

POR FLÁVIA FERRARI

Seis tarefas para

1 ARRUME A CAMA

Uma cama arrumada traz toda a sensação de casa arrumada como um todo. Vale investir alguns minutos para deixar a cama em ordem, e como organização traz organização, esta pequena atitude vai motivá-lo a deixar o resto da casa em ordem também.

2 ORGANIZE A BAGUNÇA

Sempre que sair de um ambiente, passe o olho rapidamente por todo o cômodo para avaliar se está tudo em ordem. Se algo estiver fora do lugar, coloque-o imediatamente no lugar de origem. Esse pequeno hábito vai facilitar a ordem geral da casa. Divida esse bom hábito com todos que moram com você.

3 SEPARE A CORRESPONDÊNCIA

É um hábito muito simples e eficaz: em poucos minutos é possível abrir, ler e organizar sua correspondência (tanto a real quanto a "virtual"). Estabeleça um horário diário para fazer isso e veja a bagunça diminuir.

se fazer todo dia

4 LIMPE ENQUANTO COZINHA

Em vez de entulhar a pia com pratos, utensílios e panelas, limpe-os à medida que cozinha (ou coloque tudo na lava-louças). O resultado final será uma comida gostosa e um ambiente em ordem.

5 LIMPE AS MANCHAS ENQUANTO ESTIVEREM FRESCAS

Esta é a melhor hora para fazer a limpeza de qualquer tipo de mancha: quanto mais fresca, mas fácil sairá e maior a possibilidade de sucesso de retirá-la.

6 PASSE UM PANO NO CHÃO DA COZINHA

Coisa rápida: ao final do jantar, passe um pano no chão da cozinha. Esse hábito evitará que a sujeira se espalhe por toda a casa, além de tornar a faxina semanal muito mais simples.

conclusão

Minha mãe sempre dizia que deveríamos ter muita responsabilidade com as palavras. Deveríamos pensar bem sobre o que sairia de nossas bocas, porque uma vez proferidas, as palavras são como plumas de um travesseiro ao vento. Sairiam voando por aí e, em caso de arrependimento súbito, seria muito difícil resgatar todas.

A imagem do travesseiro sacudido com as penas voando sempre ficou em minha cabeça.

Todas as vezes que escrevi algo, fosse para o blog, fosse para os vídeos, trazia a força da responsabilidade da informação comigo. Era importante que ela fosse bem apurada, testada e clara.

Porque, uma vez sacudidas ao vento, não saberia bem onde minhas plumas/palavras chegariam.

Depois de todos esses anos de escrita e vídeo, venho saber que o que comuniquei foi muito além de onde imaginei.

A dica para tirar cheiro de xixi do colchão – que muitas vezes salvou minha pele como mãe – trouxe conforto a senhorinhas acamadas em um asilo. Também houve a moça que me escreveu que "Tenho muito esse problema de bolinhas nas minhas roupas por causa do cinto da minha cadeira de rodas! Adorei essa dica!". Quem diria!

Seja por escrito, seja em vídeo, seja em um contato pessoal.

Palavras e atos verdadeiros sempre fazem a diferença neste mundo.

Este livro é mais uma forma de espalhar plumas ao vento.

Espero que estas mesmas plumas tornem sua vida mais leve e colorida.

anexo

TABELA DOS SÍMBOLOS

Lavar na máquina

Lavar na máquina, centrifugação reduzida

Lavar na máquina, centrifugação bem reduzida

Lavar somente à mão

Não lavar

Água na temperatura máxima de:

30°C

40°C

50°C

60°C

Água na temperatura máxima de:

70°C

95°C

30°C

40°C

50°C

60°C

70°C

95°C

Não torcer

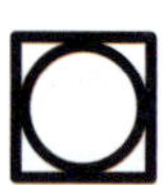
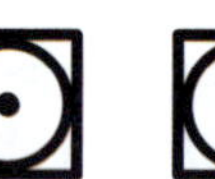

Alvejar com cloro

Não alvejar

Alvejar sem cloro

Secar em secadora rotativa

Secar com temperatura baixa (40°C)

Secar com temperatura média (55°C)

Secar com temperatura alta (55°C)

Secar sem calor

UNIVERSAIS DA LAVAGEM

Secar pendurada

Secar pendurada, sem torcer

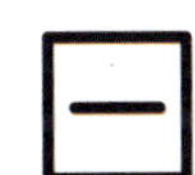

Secar na horizontal sem torcer

Secar à sombra

Não secar

Não secar em tambor

Secar

Passar a qualquer temperatura, a vapor

Não passar

Temperatura máxima de 110°C

Temperatura máxima de 150°C

Temperatura máxima de 200°C

Não passar a vapor

Lavar a seco

Qualquer solvente

Usar percloretileno

Usar hidrocarboneto

Processo Wet Cleaning

Não lavar a seco

Ciclo curto

Umidade reduzida

Baixa temperatura

Sem finalizar a vapor

Qualquer solvente. Processo suave

Usar percloretileno. Processo suave

Usar hidrocarboneto. Processo suave

Processo Wet Cleaning (suave)

ÍNDICE REMISSIVO

i

j

k

l

m

t

v

x

z

FONTE: Leitura Sans
IMPRESSÃO: Grass

#Figurati nas redes sociais